描画連想法

ラカン派精神分析に基づく描画療法の理論と実践

牧瀬英幹 著

Makise Hidemoto

遠見書房

【序　　章】

人間と言語との関係から描画を捉え，
介入することの意義

I.　絵の目的と効果は表象の領野の外にある

　その昔，ギリシアに2人の有名な画家がいた。一人はゼウクシス，もう一人はパラシオスといった。ある時，2人はどちらの絵がより優れているかを競うことになり，ゼウクシスは，ぶどうの絵を描いた。その写実性は素晴らしく，鳥たちが飛来してついばみに来たほどであった。次に，人々がパラシオスの絵を見に行くと，そこにはまだカーテンが掛かっていた。このため，人々が早くカーテンを開くよう求めたところ，そのカーテンこそがパラシオスの作品であったのである（図1）。

図1　プリニウス作『ゼウクシスとパラシオスの対決』

3

　ラカン Lacan, J. は，このようなゼウクシスとパラシオスに関する古い寓話を例にあげながら，次のように述べている。

> 　実際，絵の中にはいつも，不在を感じさせる何かがあります。それは知覚の場合と逆です。視覚ではまさに中心の領野でこそ，目の弁別機能が最大限に発揮されています。絵の場合にはどんな絵でもそこは不在でしかありえず，穴で置き換えられてでしかありえません。結局のところそれは瞳孔の反映であり，この瞳孔の背後に眼差しがあるのです。したがって，絵が欲望との関係に絡んでくるかぎりにおいて，中心の遮蔽幕の場が現れ，それによって私は，絵の前で実測平面にある主体としては，まさしく消し去られてしまいます。まさにそのことによって絵は表象の領野では作用しないのです。絵の目的と効果は表象の領野の外にあるのです（Lacan, 1964; 99-100）。

　すなわち，ラカンは，絵の中には常に不在を感じさせるものがあり，絵を見たいということが，絵を越えて別のものと関係を持ちたいとする欲望であることを指摘していると考えられるが，この点を踏まえるならば，人間は，絵を見ているとき，絵に描かれたものとの関係ではなく，絵によって暗示された絵の向こう側と，自分自身との関係を楽しんでいると言えるだろう。図2は，こうした人間と絵との関係を表した図式である（Lacan, 1964; 97）。人間は対象の表象（図2における「像・遮蔽幕」）を介して，見えるものの領野では決して見ることのできない「自分自身を根源的に決定づけるもの」＝眼差しとの関係を楽しむ＝出会い損ねる形で垣間見ようとするのである。
　では，我々はどのように臨床の場で描画を捉え，介入していく必要があるのだろうか。ここでは，バウムテストを例に考えてみたい。図3は，60代後

図2　ラカンによる絵画の図式

図3　60代後半のうつ病の女性が描いたバウムテスト

半のうつ病の女性（以下，Cl と記す）が描いたバウムテストである。言うまでもなく，この絵からはさまざまな解釈が可能である。例えば，全体的な印象としてエネルギーの乏しさが感じられ，「上に膨らんでいく幹」からは情動がせき止められている様子が，「幹と枝が横切って切断されている」点からは成熟の欠如が，「幹の根元の上にある地面」からは現実からの遊離傾向が見受けられるなど，各描画特徴と Cl の病状との関係が窺える（Koch, 1957）。こうした表象の内容に基づく解釈はそれだけで意義のあるものであるが，表象の領野の外との関係にも目を向けてみると，また異なる解釈が可能となる。

　テストを実施する前に，Cl は現在の食欲がない状況や，家から娘が出て行ってしまったことで抑うつ状態になったことを語った。また，描画後の質問の中で，Cl はこの絵が「柿の木」であると答えた後，治療者の「柿の木について何か思い出はありますか」という問いかけに対して，「柿の実は母の実家から届けられるもの」であり，「自分はあまり柿の実が好きではない」，「子どもの頃，実家に遊びに行くと，母の母（祖母）はよく病気で寝ていた」と話した。

　こうした語りの流れを踏まえるならば，Cl がバウムテストを介して，対象の「消失・出現」を無意識的に反復して表現していることに気づかされるだろう。家から出るのは娘であり，母方の実家から届けられるのは柿の実である。また，実家には，母の母はいない。そのような，消えたり現れたりする対象は，互いに他を表象し合っていると考えられることから（新

宮, 1988) [註1]，ここには，Cl にとって「好きではない」，母方の実家から受け継ぐ女性性の問題（「女とは何か」の問い），さらには，自らの存在を巡る問題（「母は私をどのように欲したのか」の問い）が表れており，それが Cl の苦悩と密接に関係していると理解できるのである。実際，その後の治療はこの点を巡って展開し，それはまた，母あるいは女性として生きていくとはどのようなことなのかを，Cl が言語との関係をもとに問い直すものとなった。

　このように，表象の領野の外にも注目する観点からバウムテストを解釈する際には，絵を描いている時だけでなく，その前後の語りにも注意を向け，そこで反復しているものを捉えることが重要となる。すなわち，そこでは描画を「見る」のではなく，描画を「きく」ことが問題となるのであり，そうすることで，自ずと「絵の目的と効果が表象の領野ではなく，表象の外にある」ことが判明し，治療的展開が導かれるのである。

II. 人間と言語との関係

　前述のような人間と絵との関係は，人間と言語との関係（図4，5）に基づくものである。このため，表象の領野の外との関係において絵の目的と効果を捉え，介入する実践を展開していくためには，両者の関係性を理解することが求められる。この点に関する議論は，本書のさまざまな部分で行っていくことになるが，ここでは簡単にその概要を確認しておきたい。

（1）疎外・分離の演算と「フォルト・ダー」の遊び

　人間は言語的存在（＝話す主体）として自らを規定するに当たり，自己の存在を言語の一要素であるシニフィアン S_1 によって示し，それと同一化することになる。このとき，集合論的必然性から，人間は自己を「消失したもの」＝「無意味なもの」として象徴化せざるを得ないが（＝疎外の演算），同時に，言語という〈他者〉の場においてそれをポジティブなものとして把握し直し，対象として再構成する。自己は〈他者〉となって，元の自己（s）を「失われた対象」＝「対象 a」として獲得するのである（＝分離の演算）。このような対象は，人間にとっての欲望の原因であり，また，主体と言語とが

註1）なお，ここで夢解釈の方法を取り入れている。描画を解釈していくにあたり，夢を分析する方法と同じものを用いることの意義については，次の文献にて論じている（牧瀬，2008; 178-195）。

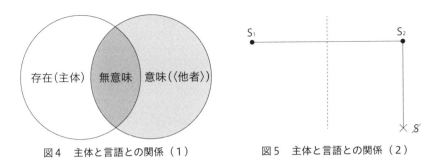

図4　主体と言語との関係（1）　　　　図5　主体と言語との関係（2）

関係を保っていることを保障するものでもある。

　これらの点は，フロイト Freud, S. が1歳半になる孫を観察することを通して発見した，次のような「フォルト・ダーの遊び」を参照することで，より具体的に理解することができるだろう。この子どもは，母に情愛を寄せて甘えていたにもかかわらず，母が数時間放っておいても決して泣くことはなかった。しかし，母の不在の間，自分の手にする小さな事物を全て，部屋の隅やらベッドの下へと，遠くに投げる癖があったのである。

　　放り投げる際，その子は楽しそうで満足げな表情を浮かべながら，長く引き伸ばされた「オーオーオーオ」という大きな音声を発した。この叫びは，その子の母と観察者であるわたしの一致した判断によれば，間投詞ではなく，「いない」（fort）を意味していた。とうとうわたしは，これは遊びであって，子どもは自分のおもちゃをみな，ただ「いない」ごっこをして遊ぶためだけに利用しているのだということに気がついた。そしてある日，この見解を確証してくれる観察を得た。子どもは，縛りひもを巻きつけた木製の糸巻きをもっていた。彼は糸巻きを床に転がして引っぱって歩こう，つまり，車ごっこをしようとは思いもせず，ひもをもちながら，カヴァーをかけた自分の小さなベッドの方に，その縁ごしにたいそう巧みに投げ入れた。こうして糸巻きがベッドの中に姿を消すと，糸巻きに向かって，意味のあるあの「オーオーオーオ」（fort）を言い，それから，ひもを手繰って糸巻きをベッドから再び引きずり出した。ところが，糸巻きが現れると今度はうれしそうに「いた」（da）といって歓迎したのである。このようにして，遊びは消失と出現の遊びとなり，あるべきものがすべて

出揃ったのであった（Freud, G. W. XIII; 12-13）（一部改訳）。

　フロイトはこの遊びを，子どもが大切な文化的達成，欲動の断念を成し遂げたことを示すものとして解釈している。

> この遊びをどのように解釈すべきかは明瞭であった。遊びは，子どもの大切な文化的達成に，すなわち，母親がいなくなることを抗うことなく認めるという欲動断念（欲動満足に対する断念）を成し遂げたことに，連関していたのである。その子は，同じ消失と出現を，自分の手にしうる事物を用いてみずから上演することによって，断念のいわば埋め合わせをしていたのである（Freud, G.W.XIII; 13）。

　すなわち，「フォルト・ダー」の遊びは，母の在・不在，消失と出現の象徴化を導くものであると言えるのである。
　そして，ラカンはこうした象徴化が主体にとっての最初の象徴化としてあり，それが言語活動によって為されるものであることを踏まえ，次のように述べている。

> 主体は，自分に課せられた剥奪を，それを引き受けることによって制御する。しかもそれだけでなく，主体がそこで，己れの欲望を二乗にまで高めもしているのだということを，今や我々は把握する。というのも，対象を出現させたり消失させたりする主体の行為は，その対象の不在と現前を先取り的に誘発することによって，この対象を破壊しているからである。そしてこの主体の行為は，欲望の力の場を負性化して，自分で自分自身の対象となりおおせる。この対象は，そのまま二つの要素的な発声の象徴的な対の中で形を取って，音素の二項対立が主体のうちで通時的に統合されたことを告げている。主体を取り巻き現存する言語活動が，その二項対立の共時的構造を提供し，主体はそれを同化する。そしてまた子どもは，まわりの語らいから受け取った音声を，自分なりのフォルト！の中でまたダー！の中で，多かれ少なかれ近似的に再生することによって，自分を取り巻くその綾成す語らいのシステムのうちに，自分を関わらせはじめてもいるのである（Lacan, 1966; 319）。

　子どもは，「フォルト・ダー」の遊びを介して母の不在という自分に課せら
れた剥奪を引き受けるだけでなく，「フォルト」・「ダー」というシニフィアン
を言表し，自らを言語活動の中に位置づける中で，自身の存在の核とも言う
べきものを言語の二項対立的な活動，在・不在の活動に委ねることになる。
すなわち，言語という〈他者〉の中へと移行することによって，失われつつ
あるものとして自らを把握するようになるのである。この時，糸巻きは，母
を代理する対象のみならず，自分自身から奪い取られたものとして主体が経
験する対象として捉え得るものとなるだろう。

　　この糸巻きは，ヒバロ族流のやり方で小さな球にされてしまった母親
　　ではありません。それは，まだ主体に属しているもの，主体に留め置
　　かれているのに主体から切り離される主体の何かです。…（中略）…
　　シニフィアンこそが主体の最初の刻印であるということが真実であ
　　るとしたら，この遊びがこれから現れるいくつかの最初の対立の一つ
　　を伴っているという事実からだけでも，我われは次のことを認めざる
　　をえません。つまり，この対立が行為の中で適用されている対象こそ
　　を，つまり糸巻きこそを我々は主体であると言うべきである，という
　　ことです。この対象はそのラカン的代数の名を与えられることになる
　　でしょう。つまり小文字のaです（Lacan, 1964; 60）。

　このように，ラカンは「フォルト・ダー」の遊びに，分割された主体の構
成の契機（＝疎外の演算）を認めるとともに，主体から切り離された対象を，
「失われた対象」＝「対象a」として定義づけているのである（＝分離の演
算）。

（2）主体の欲望の設立と「父の名」を巡る問題

　加えて，ラカンが，「フォルト！ ダー！。小さな人間の欲望は，こうして
まさに彼の孤独のうちで，他者の欲望になり了せる。その他者はひとつの分
身自我であり，これは小さな人間を支配し，その他者の欲望の対象は，この
ときからずっと，この小さな人間固有の苦しみとなる」（Lacan, 1966; 319）
と述べていることを忘れるわけにはいかないだろう。対象aの在・不在が，
言語の中の音素の二項対立と結びつくこと，それは，人間が言語＝〈他者〉
の中へと移行し，言語的主体（話す主体）となることで消失した元の自己を
一つの対象として把握し直し，そうした対象に向かって言語的に分節化され

9

た「欲望」を設立するということである。すなわち，「象徴はまず，物の殺害として現れる。そして，この死は，主体において，欲望の永遠化を構成するのである」（Lacan, 1966; 319）。

　故に，人間は「失われた対象」＝「対象 a」を求めて絵を見るなどしながら人生を紡いでいくことになるが（＝神経症構造の主体），このことをラカンは，$S \diamondsuit a$ というマテームで書き表している（$\diamondsuit$ は疎外の演算（菱形の下側部分）と分離の演算（菱形の上側部分）を表す）。

　一方で，前述のような形で主体を象徴の世界に繋ぎ止め，言語的存在（＝話す主体）の欲望を支えていくシニフィアンである「父の名」の排除のために，対象の把持（欲望の維持）が困難となることがある（＝精神病構造の主体）。父のような人との出会いを介して事後的に「父の名」の排除が起動するに至った場合，「分離の演算」の不成功から，主体は妄想的なものとして現れた〈他者〉に圧倒的に支配される（「させられ体験」に代表されるような主体性の侵害を受ける）とともに，妄想形成を行うことを強要された自由を奪われた存在となる（Lacan, 1966; 577-578）。同時に，「父の名」の排除による父性機能（＝象徴機能）の不全により，言語的なレベルでさまざまな障害が出現してくることになるのである（Lacan, 1981）。

　ラカンは，こうした主体と「父の名」との関係の在り方の違いに注目しながら分析を進めていくことの意義について，次のように述べている。

　　歴史の時間が刻まれ出して以来，象徴機能によって，父という人物と法の姿とは同一のものとされてきた。その象徴機能を支えるものは，父の名にこそ認められなければならない。このことを頭においておけば，我々は，一つひとつの精神分析のケースにおいて，この象徴機能の無意識の諸効果を鮮明に識別することができる。それらの効果は，象徴機能を体現している人物の心像や行動によって主体が支えているナルシス的な諸関係，もしくは，現実の諸関係とは，別物であることがわかる。ここから生まれる理解のあり方は，他ならぬ分析家の介入のふるまいの中に，反響してくることだろう。このような理解による介入がいかに豊かな成果をもたらすかは，私の経験でも，また私がこの方法を教えた弟子たちの間でも，確かめられている。そしてしばしば私は，スーパーヴィジョンにおいて，また会合で報告されたケースにおいて，この理解のあり方に無知であることによる有害な混乱を，指摘する機会があった（Lacan, 1966; 278）。

　我々もまた，このようなラカンの指摘を踏まえ，「父の名」によって支えられている「象徴機能の無意識の諸効果」との関係（＝象徴界），あるいはそれによって浮かび上がる主体と「もの」（＝現実界）との関係，そして両者を媒介する鏡像的なイメージ（＝想像界）との関係に注目しながら，描画を用いた治療を進めていく必要があると言えるだろう。さらに，ラカンが「歴史の時間が刻まれ出して以来，象徴機能によって，父という人物と法の姿とは同一のものとされてきた」と述べているように，「父の名」は〈他者〉の叙任をもたらすという意味で主体と社会をつなぐ役割を果たすものでもある。そのため，この点を認識しつつ，治療の場で描画がどのような繋がりを生むものとして機能しているかを捉えていくことが重要となるのである[註2)]。

（3）トポロジーの臨床に向けて

　以上のような人間と言語との関係を，また別の側面から照らし出すべくラカンが導入したものがトポロジーの考え方である。ラカンが自らの理論の独自性をより鮮明に打ち出す機会となった「ローマ講演」においてすでにその片鱗が認められ，晩年の思索へと受け継がれていくことになったトポロジーの考え方は，描画を用いた臨床の場において生じていることを捉えていく上で大変有意義なものである[註3)]。最後にこの点について触れておきたい。

　先に確認した通り，「象徴はまず，物の殺害として現れる」。そして，そうした死が，主体において欲望の永遠化を導くとするならば，「人間が，己の歴史という生へと関係を持つに至るにあたっては，それがどんな関係であっても，そこに死の媒介が認められる」（Lacan, 1966; 319）ことになるだろう。「連なる話の戯れよりも以前に，何が存在していたのか，そして，象徴たちの誕生にとって根源的であるものとは何か，主体の中でそれに到達しようとするならば，我々はそれを，死の中に見出すことになる。主体の実存は死から，実存が意味として有するもののすべてを汲み取っている」（Lacan, 1966; 320）からである。

　ラカンは，「こうした死へと向かう意味は，話すということの中には，言語活動に対して外在する中心がある，ということを露呈させる」（Lacan, 1966; 320）として，人間と言語との関係をトポロジー的に捉えることの意義を次のように主張している。

註2）詳細については，第7章を参照のこと。
註3）詳細については，第2, 3, 6章を参照のこと。

　このように言うことは，単なる比喩以上のものであって，一つの構
造を明らかにする。この構造は，生命体とその環境の境界を図式化
するときに，人が好んで使うような，円や球で以て描き分けた空間
構成とは趣を異にするものである。すなわち，この構造はむしろ，
記号論理学が，トポロジー的に環という名で指し示す関係群に対応
するものである。この構造の直感的表象を得ようと思うならば，区
域という平面的なものではなく，むしろトーラスという三次元的形
態に頼るべきであろう。なぜかというと，トーラスの辺縁にある外
部と，中心にある外部とは，ただ一つの領域を構成するからである。
直接的欲望の生命的両義性においてであれ，主体の死——への——
存在の十全たる引き受けにおいてであれ，主体が己れの孤独をまっ
とうするときに生ずる弁証法的過程の終わりなき循環性に，このト
ーラスの図式はうまく合致している（Lacan, 1966; 320-321）。

　すなわち，ラカンは，言語的存在（＝話す主体）として成立するためには，
必然的に「死へと向かう」＝自己を「消失したもの」，「無意味なもの」とし
て象徴化することが求められるのであり，そうした主体の状態を表すには，
円や球ではなく，外在する中心を有する環という名で示す関係群の一つであ
る「トーラス」が適していると述べているのである。
　主体が言語を介して自らを捉えようとしつつ，そこから排除されてしまう
ことを意味する場（図4，5における無意味の部分あるいは S_1）は，主体に
とって「不可能なもの」＝空＝穴として捉えられることになるが，この場こ
そ，主体が主体として現れるに当たって，論理的に必要になるものである[註4]。
そして，そうした主体がもうないものとしてのかつての自分（＝現実界）と
の繋がりを保っている場において，主体は消失した元の自己を一つの対象＝
「対象a」として把握し直し，そうした対象に向かって言語的に分節化された
「欲望」を設立していくことになるのである（図6）。
　さらに，この点において，次のようなラカンの指摘を思い起こしておくこ
とは意義があるだろう。

　欲動の満足を性源域のたんなる自体愛から区別するものは対象です
　が，欲動は，この対象のうえに閉じると誤解されています。実際は

註4）この場はまた，フロイトが夢の臍，「我々の存在の核」と呼んで重視しているも
　のと重なり合うものでもある。

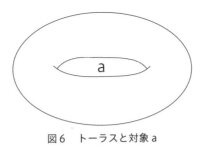

図6　トーラスと対象 a

この対象はうつろの現前，空の現前にすぎません。それは，フロイトが言うように，どんな対象によっても占められます。我々はこの対象審級を失われた対象 a という形でしか知ることはできません（Lacan, 1964; 164）。

何かが縁から出て，回帰の形を取る行程を辿ることによって，縁の閉じた構造を二重化します。この行程の一貫性を保証しているのは対象にほかならないのですが，それはその周りを迂回すべきものとしてのなにものかとしてです。このように考えると，欲動の現れは無頭の主体というあり方として捉えざるをえません。なぜなら，そこではすべてが緊張ということでしか語られず，トポロジー的な共通性によってしか主体と関係を持たないからです。私はみなさんに無意識はシニフィアンの備給の配分によって主体の中に設立された裂け目に位置している，と言いました。この裂け目は一つの菱形〔◇〕としてアルゴリズムの中では描かれます。この菱形を私は，現実と主体との間の無意識の関係全体の核心に据えます。欲動が無意識の働きという形でその役割を果たすのは，身体の装置の中の何かが同じ仕方で構造化されているからであり，またそこに関わるいくつかの裂け目がトポロジー的に一致しているからです（Lacan, 1964; 165）。

　すなわち，上記のような無意味の場における穴は，トポロジー的に主体の身体各部の孔，性源域と重なり合うものであり，その際，身体各部の孔に備わる欲動が，対象を主体の側へと結びつける役割を果たすことになるのである（図7）。

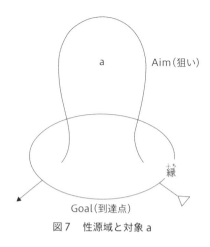

図7　性源域と対象 a

　また，ラカンは，◇が「現実と主体との間の無意識の関係全体の核心」に据えられることを示しているが（この◇は，先述の「$\mathcal{S}$◇a」のマテームにおける◇と同様のものである），ここで身体の孔における対象 a の出現と消失が無意識の開閉と結びついており，その開閉，拍動が，「主体がシニフィアンとともにまさに分割させられたものとして生まれるその時を刻む」ことを思い出すならば，いかにそうした瞬間を捉えて介入するかが，主体と言語との関係の再構成を促す上で重要となるかが分かるのである（Lacan, 1964; 181）。

III．人間と言語との関係から描画を捉え，
介入する実践としての「描画連想法」

　このような人間と言語との関係性をもとに，我々はどのように描画を用いた治療を実践していくことができるのだろうか。
　神経症構造の主体の治療においては，「失われた対象」＝「対象 a」との関係を浮かび上がらせながら，「主体がいったいどんな——無意味で，還元不能で，外傷的な——シニフィアンに，自分が主体として従属しているかを，意味作用の向こう側に見ること」（Lacan, 1964; 226）が重要となるだろう。このため，①描画を「きく」ことを重要視する，②構造論的に描画を捉える，③「紙の交換」という形で，解釈としての区切りを入れ，主体にとっての「対象 a」を浮かび上がらせるという方法で，主体に論理的関係性を

導入し，その再構成を促す，「描画連想法」が有効となる註5）（先に確認した
バウムテストの解釈方法も，「描画連想法」の考え方に基づくものである）。

　一方で，精神病構造の主体の治療においては，「父の名」の補填を促しなが
ら，対象の把持の安定化を導くことが不可欠となる。このため，上述の「描
画連想法」をそのままの形で用いることは難しい。しかしながら，紙の交換
に代えて，紙の導入（以前の面接で描かれた絵を，治療の流れに合わせて再
度取り扱うこと）を介して主体が対象を再び把持できるように促す方向で用
いるならば，適用可能となる。その際は，①主体の無意識の拍動＝主体と言
語との関係を問い直そうとする反復のリズムを聞き取りつつ，主体の存在の
核＝現実界との繋がりを内包する妄想と現実との関係を結び合わせる，②主
体と言語との関係を問い直そうとする反復のリズムに合わせて，幻覚的欲望
成就を包み込んだ夢と描画を重ね合わせ，妄想的隠喩の展開を後押しする，
③紙の導入を介して，意味喪失系列から意味獲得系列への転換を導く「主体
の対象把持の再獲得」を促す（「不可能なもの」＝現実界との関係を支える
メビウス環のような主体の構造を構築する），④「主体の対象把持の再獲得
（主体の構造の構築）」がなされるに当たっては，因果的説明を越えた「もの」
＝「不可能なもの」の次元へと一度戻る必要があるため，そうした転機に出
現する身体症状に注意を払う，ことが求められるのである註6）。

IV.　本書の構成

　以上，「絵の目的と効果は表象の領野ではなく，表象の領野の外にある」と
する観点に基づき，どのように描画を用いた臨床を展開し得るかを確認して
きた。その中で，人間と言語との関係に注目しつつ描画を捉え，介入するこ
との重要性を示唆するとともに，そうした関わりを最大限生かすことのでき
る方法として「描画連想法」があることを指摘したが，本書は，そのような
「描画連想法」の基礎から応用までを解説するものである。

　ここで，あらかじめ本書の流れを示しておきたい。第1章では，「描画連
想法」の方法と理論的基盤について，具体的な事例を取り上げながら説明す
る。先にも述べた通り，「描画連想法」では何よりも描画を「きく」ことが重
要視されるため，人間と言語との関係を踏まえながらいかに主体の語りをき
き，描画を捉えるかが問題となる。また，そうした関わりの中で，はじめて

註5）詳細については，第1章を参照のこと。
註6）詳細については，第6章を参照のこと。

解釈としての「紙の交換」が可能になる。

　「描画連想法」の実践は，主体にとっての「誕生」や「死」の問題と密接に結びつきながら展開される。すなわち，その治療的展開は，主体が「我々はどこから来たのか，我々は何者か，我々はどこへ行くのか」の問いに答えることの不可能性と向き合いつつ，それをもとに自らの存在根拠となる論理を作り上げることを促す形でもたらされる。第2章では，この点に関して，トポロジーや転移の問題に焦点を合わせながら検討する。

　「描画連想法」の実践が，「不可能なもの」との関係を巡って為されるものであるとするならば，それは自ずと禅との結びつきを有することになる。実際，白隠の禅画は「描画連想法」，さらにはその考え方を応用した形での臨床描画の実践を行う上で必要な知を提供してくれるものである。第3章では，両者の関係性について考察すると同時に，そこから得られた知をもとに，描画を用いた臨床実践における「解釈」のあり方を問い直す。

　第4章では，日本における描画と文字の関係性を，「描画連想法」の事例を通して考察する。描画と文字との曖昧な境界を立ち上げるような「文字的なもの」は，かつて日本において用いられていた仮名文字の一つである「葦手」と同様の機能を果たすものであり，そうした葦手の痕跡としての「文字的なもの」に意味を越えた形で注目することが，いかに主体の再構成を導くかを明らかにする。

　第5章では，醜形恐怖症の事例の検討を通して，描画，夢，症状の関係性について検討する。その中で提起する「1枚の描画を治療の中で反復して用いる」という方法（＝紙を導入する方法）は，「描画連想法」の適用可能性を神経症構造の主体を越え，精神病構造の主体へと押し広げるものとなる。

　第6章では，統合失調症の事例の検討をもとに，「描画連想法」を用いて精神病にアプローチする方法について考察する。それにより，先述のような精神病構造の主体に対する治療のポイントの詳細が明らかになるだけでなく，主体における「主体と言語との関係性を問い直そうとする反復性」をいかに捉え，介入するかという，描画セッションにおけるリズムの問題の検討が為されることになる。

　「描画連想法」や臨床描画は常に主体とそれを取り巻く社会とをつなぐ役割を担うものである。第7章では，フロイトのハンス症例や具体的な事例（神経症圏，発達障害圏の子どもの事例）の検討を通してこの問題についての検討を行い，両者がその役割を果たすとき，どのように主体の再構成，そして発達が促されるかを示唆する。

　終章では，各章で得られた結果をもとに，「描画連想法」の方法論のまとめを行うとともに，その方法論の応用可能性について提起する。

　また，「描画連想法」とその他の描画療法との関係性を示すために，付論1，2を追加している。

　なお，本書で取り上げる事例は全て，守秘義務を鑑み，考察に影響を及ぼさない限りで変更を加えている。

目　　次

描画連想法

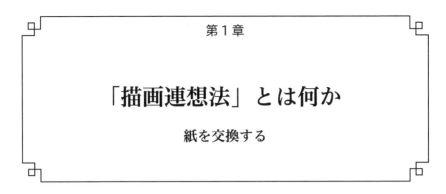

第1章

「描画連想法」とは何か

紙を交換する

　絵を描く際に，クライエントは多くのことを語っている。特に，子どもとの描画セッションでは，描画とともに生まれる子どもの語りの多様性に常に驚かされる。このようなクライエントの語りやクライエントを取り巻く言語との関係から「描かれたもの」の意義を検討していくような描画法，それが，ラカン派精神分析の考え方をもとに生まれた「描画連想法」である。

I. 「描画連想法」の概要と意義

　「描画連想法」（牧瀬，2015; Makise, 2013）を施行する上でのポイントは，大きく分けると以下の3点をあげることができる。

　①描画を「きく」ことを重要視する
　②構造論的に描画をとらえる
　③「紙の交換」というかたちで，解釈としての「区切り」を入れ，主体にとっての対象 a を浮かび上がらせる

　これら3点をもとに，描画を介して主体に論理的関係性を導入していくことが，「描画連想法」の目指すところであり，その結果，治療的な効果のみならず，主体の再構成をもたらす契機を導くことができると考えられる。
　本章では，このような「描画連想法」に関して，事例を取り上げながら，紹介していきたい。

II. 導入の方法

（1）適用範囲

　「描画連想法」は，精神分析における「自由連想法」を，描画を用いて行うものである。このため，その適用範囲は，基本的に精神分析を実施できる病態の範囲内（神経症圏）に限られるが，主体の構造を再構成していく方向ではなく，主体の構造を構築していく方向（精神病圏）でこの技法を用いることも可能である。この場合，先に取り上げたポイント③における，「紙の交換」というかたちで，解釈としての「区切り」を入れ，主体にとっての対象 a を浮かび上がらせるという関わりの代わりに，「紙の導入」（以前の面接で描かれた絵を，治療の流れに合わせて再度取り扱うこと）を介して主体が対象を再び把持できるように促すという関わりが求められる[註1]。

（2）導入のタイミング

　適用範囲内であるとはいえ，クライエントが描くという行為に親和性がない場合は，強いて行わない方がよい。後に取り上げる事例のように，子どもの幻想を展開していく上で「描画連想法」は特にその意義を発揮するものであるが，大人の場合はなかなかそのようにはいかないのが一般的である。大人のクライエントの場合，一度施行し，そこで主体の連想が進むかどうかを判断した上で，その後を決定することが適当である。

　筆者自身は，ウィニコット Winnicot, D. W. のスクィグル技法（Winnicott, 1971b）を施行した後，主体の連想が展開する可能性が見えた時点で，「描画連想法」を施行する方法を採ることが多い。また，ウィニコットが指摘していることでもあるが，クライエントが夢を語るとき，あるいは，夢を語ろうとするようなときに，「描画連想法」を施行することは効果的である。そのような用い方をした場合，夢と描画，そして症状の関係性を多面的に捉えることが可能となり，治療的に大きな意義がある[註2]。連想が停滞しているときに，連想を促す意味で「描画連想法」を導入してみることも有効である。

註1）詳細については，第6章を参照のこと。
註2）詳細については，第5章を参照のこと。

III. 「描画連想法」の進め方（理論と実際）

（1）「描画連想法」を施行した事例の概要

　ここで,「描画連想法」を施行した事例を取り上げ, その上で技法上のポイントを解説していきたい。

　事例は, 4歳の男児のものである。家族構成は, 父, 母, 兄（本児の2歳上）, 本児, の4人。本児は, 他の子どもたちと一緒に遊ぶ中で何か問題が生じると, すぐに母の元に戻ってきて自らの殻の中に閉じこもる, または攻撃的に振る舞ってしまうなど, 他児とのコミュニケーションにおいて困難さが目立っていた。遊びながらも, 常に教室の隅にいる母を不安げな様子で気にしており, 主体的に行動することに何らかの葛藤があることが窺われた。このような傾向は以前より常態化していたものではなく, 最近になって生じてきていた。母は,「特に最近何か変わったことがあったわけではない」と話していた。状況を踏まえ, 第3子の予定などを聞いてみたところ,「現在は妊娠の兆候はないが, 夫婦の間でもう一人女の子を欲しいという話題が出ている」との答えがあった。

　相談を受けた場は, さまざまな理由により幼稚園に入園しなかった子どもたちが通う所（幼児教室）であった。筆者はそこで, 子どもたちに心理的な問題が生じた場合, 援助を行う役割を与えられていた。そのため, 厳密な治療という形での関わりではなく, 描画を用いて一緒に遊ぶという形でセッションを行うことになった。具体的には, 子どもたちが遊ぶところから少し距離を置いた所にある机に2人で座り（筆者は本児から見て90度の位置に座った）,「一緒に絵を描いてみよう」という形でセッションを行った。

　ここで紹介するセッションを含めた数回のセッションにて, 結果的に上述の問題は今までとは異なる形で表現されるように変化した。母に作ったものを見せに行く, 喜びの気持ちを伝えに行くなど, 母を意識する行為は見られたが, 教室の隅にいる母を常に不安げに気にすることはなくなり, 能動的に遊ぶことができるようになった。また, 他者と一定の距離を保ちながら関係性を維持できるようになった。これ以降, 特に目立った問題が生じたという話は聞いていない。

（2）「描画連想法」を用いたセッションの内容

　次に示す一連の描画は, ある1回の面接において描かれた。導入部分では,

ウィニコットのスクィグル技法を用いたが，その後子どもが自発的に描画を描き始めるようになったことを受け，精神分析的な聴取と並行して描画を描いてもらうという方法を採用した。すなわち，セッションにおける子どもの自由な語らいを通して，その中に現れてきた幻想をそのまま紙の上に描いてもらうという形を取った。

［1枚目］

筆者が「今から目をつぶってグルグル描きをするから，それが何かの形に見えたら教えてね」と言い，紙の上に螺旋状のスクィグルを行った。すると，子どもは「カタツムリ」と答えた。「そうかぁ，カタツムリかぁ。どんなカタツムリなのだろう。どんな風なのか描き足して，教えて」と促すと，子どもは1枚目の描画（図1-1）のように描き足し，「カタツムリ，食べられちゃった」と言った（この段階で，「食べられちゃった」という言葉から分かるように，子どもの幻想がすでに垣間見えている）。

そこで，「食べられちゃった，どういうことかな？」と問いかけ，子どもがより幻想の世界へと入っていけるように促しながら，さっと1枚目の紙を引き，新しい紙と交換した（この時点で，スクィグル技法から「描画連想法」へと変更している）。

［2枚目］

子どもは「犬が食べちゃった」と言い，犬のようなものとそれに食べられようとしているものを描いた（図1-2）。筆者が，その食べられようとしているものを指差しながら，「じゃあ，これはカタツムリ？」と訊ねると，子どもは「ちがうよ，セミだよ」と答えた。続けて，「セミを食べちゃったんだ。犬

図1-1　1枚目

図1-2　2枚目

は好きなのかな？」と訊くと，子どもは「犬は嫌い。噛むから」と答えた。
　そこで，「どんな風に噛むの？」と問いかけながら，さっと紙を引き，新し
い紙と交換した。

［3枚目］
　子どもは「こんな感じに噛まれてる」と言いながら，犬とそれに噛まれて
いるものを描いた（図1-3）。筆者がそれを指差しながら，「これは誰？」と
訊いてみると，子どもは「うーん」と悩みながらも嬉しそうな表情を浮かべ，
問いには答えずに，その左脇に人のような絵を描き始め，「正義の味方。犬を
吹っ飛ばすんだ。足をキック。犬，死んだ」と言った。そして，キックされ
た犬を描き，その下に何か分からないものを描いた。
　そこで，「死んじゃった犬は，どうなっちゃったのかな？」と問いかけなが
ら，さっと紙を引き，新しい紙と交換した。

［4枚目］
　子どもは，左下に犬を描きながら，「こんな感じ」と答えた（図1-4）。そ
して，「木を描こうっと。3本あるんだよ，一つは穴が空いているんだ」と
言いながら，左から順番に木の絵を描いた。筆者が「穴の中には何かいるの
かな？」と訊ねると，子どもは「鳥がいるよ」と言いながら，木の上に鳥を
描き，続けて，太陽と雲を描いた。「この雲は小ちゃいね？」と訊くと，子ど
もは，右から順に「これ赤ちゃん（右），これお父さん（真ん中），これお母
さん（左）」，と指差し，最後に右上の太陽を指差して「これが僕だよ」と言
った。続いて，先程描いた3本の木の右隣に再び木のような絵を描いて，「こ
れ何か分かる？」と質問してきたので，筆者が「何だろうなぁ」と困ってい

図1-3　3枚目

図1-4　4枚目

ると，答えられない様子を嬉しそうに見ながら，子どもは「これは，お兄ちゃんだよ」と教えてくれた。次に，真ん中に新幹線を描いた。そして，「新幹線はトンネルの中を走るんだ」と言い，トンネルを描き足し，すぐにまたその左隣に人のようなものを描いた。その後，再び「これ何か分かる？」と質問してきたので，筆者がまた「何なんだろう」と困惑した様子を見せていると，子どもは嬉しそうに「たまごっち」と大きな声で教えてくれた。

　そこで，「新幹線はずっとトンネルの中なの？」と問いかけながら，さっと紙を引き，新しい紙と交換した。

[5枚目]

　子どもは線路を描きながら，「新幹線が線路の上を走ってる」と言った（図1-5）。筆者が「新幹線は好きなのかな？」と訊いてみると，子どもは「嫌い，すぐ倒れるから」と答えた。

　そこで，「どんな風に倒れるのかな？」と問いかけながら，さっと紙を引き，新しい紙と交換した。

[6枚目]

　子どもは「こんな風に」と言いながら，新幹線と思われるものの中に鳥を描いた（図1-6）。続けて，「こんな感じに椅子があるの」と言い，椅子のようなものを描き加えた。筆者が鳥を指差しながら，「じゃあ，これは○○君なのかな？」と訊ねると[註3]，子どもは「うーん」と言いながら再び嬉しそうな表情を示し，その問いには答えずに，「家を描こう」と言い，新幹線の上に家を描き始めた。

　描き終えた後，筆者が「これは，誰の家なのかな？」と訊くと，子どもは「ペンギンの家」と答え，ペンギンを描き，続けて，「ペンギンが家に入ろうとしているの」と言った。そして，右上に太陽と思われるものを描いた。

　そこで，「家の中はどうなっているの？」と問いかけながら，紙をさっと引き，新しい紙と交換した。

[7枚目]

　子どもは「机があって，冷蔵庫があって，これは，トイレ，あとはおもちゃ（ロボットの形）」と言い，左下から右にそれぞれを描いた（図1-7）。そ

註3）この問いかけは，子ども自身がその絵のどこに同一化しているのかを言語化していく機能として作用している。これは，一つの解釈である。

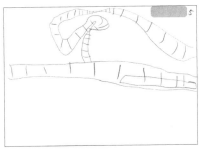

図1-5　5枚目

図1-6　6枚目

図1-7　7枚目

図1-8　8枚目

して，それらの上に車を描き，「この車を誕生日に買って貰ったんだ，めちゃくちゃかっこいいよ」と言った。筆者が「そうなんだ。他には何かあるのかな？」と促すと，子どもは「そうだ，これはお兄ちゃんのおもちゃ」と言いながら，車の左隣に迷路のようなおもちゃを描いた。そして，「コロコロコロコロ」と言いながら，そのおもちゃの迷路のような部分に丸を描き続け，終点と思われる部分に来ると，「そして，ここにピタっと。吹っ飛ばしたら，入ったよ」と言った。

　そこで，「入った玉はどこに行くの？」と問いかけ，同時にさっと紙を引き，新しい紙と交換した。

　[8枚目]
　子どもは「ベッド」と答え，右上にベッドを描いた（図1-8）。続いて，その下に雪だるまを描き，「窓があるんだ，僕の家ではないよ」と言い，左上に窓を描きながら，「○○（犬の名前）と僕が覗いてるんだ」と言って，その中に顔を描いた。次に，「これは家」と言いながら，左下に家を描き，その左横に「海の中には貝殻が落ちてるよ」と言い，海と貝殻をそれぞれ描いた。そ

図1-9　9枚目

図1-10　10枚目

して，家に煙突を描き加え，「煙が出てるよ」と教えてくれた。

　この一連の過程が済んだ後，子どもは再び，ベッドへと視点を戻し，「ベッドには悪いお山があるよ」と言い，ベッドに「悪いお山」を描き加えた。

　そこで，「ベッドには何があるの？」と問いかけながら，さっと紙を引き，新しい紙と交換した。

［9枚目］

　子どもは，やや興奮した様子で，「犬と怪獣がいるんだ」と言いながら，犬と怪獣を描いた（図1-9）。そして，「怪獣は口から炎を出してるよ。ボーって」と言い，怪獣の口に炎を描いた。続いて，「正義の味方が戦うんだ」と話しながら，左側に正義の味方を描き，「剣でビシッてやったんだ」と言った。筆者自身，この時話に引き込まれていたのかもしれない。そこで，間髪入れずに，「その後，どうなったの？」と訊ねながら，さっと紙を引き，新しい紙と交換した。

［10枚目］

　すると，しばらくの沈黙があった後，子どもは「ヒヨコになった」と答え，ヒヨコを描いた（図1-10）。

　ここで，一連の描画セッションを切り上げた。

（3）解釈の仕方・変化の見方

①描画を「きく」ことを重要視する

　「描画連想法」では，何よりも描画を「きく」ことが重要視される。描画を通して語られる語りを「きく」ことによって初めて，描画における個々の要

素が意味を超えて，どのように結びついているかを理解することができると考えられるからである。

このような考え方は，フロイトの『夢解釈』における次のような言及を踏まえたものである。

> 夢内容のほうは，いわば絵文字で書かれているから，その記号の一つひとつを，われわれは夢思考の言葉に転移させて行かねばならない。もしわれわれがそれらの記号を，記号の連関ではなくて絵としての価値によって読み解こうとすれば，明らかに誤りに導かれてしまうだろう（Freud, G.W. II/III ; 284）。

絵文字としての顕在的な夢内容から潜在的な夢内容を理解するためには，「夢工作」という文法を用いて翻訳し直す必要がある。クライエントの語らいを通して描かれた描画もまた，絵文字としての顕在的な夢内容のようなものであり，その絵文字から得られる意味に惑わされずに，「夢工作」の文法に従い翻訳し直すことではじめて，無意識の欲望を捉えることができる[註4]。

すなわち，描かれた描画の意味を「見る」のではなく，描画を描く際に語られた語りを「きく」ことで，はじめてクライエントが意味を超えて何を語ろうとしているのかを捉えることができると考えるのである。

②構造論的に描画をとらえる

描画を「きく」ことを重要視することは，必然的に，構造論的に描画をとらえることを導くことになる。

この点において，クライン Klein, M. は興味深い症例を報告している（Klein, 1961）。恐怖症の男児リチャードの症例の中で，クラインは描画を通して主体の無意識の構造を取り出し，その上で解釈を試みているが，そこでは，描画の意味に囚われず，子どもが語ることに注意を払いながら描画を扱っていく姿勢が認められる。

例えば，男児はさまざまなテーマの描画を，セッション全体を通して描き続ける。それらは，艦隊遊びを表現したものであったり，ヒトデを詳しく描

[註4] クラインが，子どもの遊びと並行して紡がれる語りの中に現れるさまざまな要素は夢の要素と同じ意味を持つものであり，子どもの無意識を知る上で重要な役割を担っていると述べているように（Klein, 1926），精神分析の観点において，夢と描画は同じ意味を持つものとして考えられる。

いたものであったりと，ときにより異なる。ところが，クラインはそれらを一貫して，同じテーマを表現したものであると考える。ここには，個々の要素は描かれたものとしての意味を超え，「関係性」の構造の中でその位置を獲得し，表現されるという視点が含まれている。男児は自らのエディプス的問題を，さまざまな表象を用いながら反復して表現しようと試み続けている。それに対して，クラインはそれら描かれたものの「関係性」を正確に掴んだ上で，転移解釈を行いながら，主にそこに現れてきた無意識の攻撃性を解釈し言語化していく。それに伴い，男児は自らを第三者の視点から位置づけていくことができるようになり，結果的に症状が消失していくことになる。

　このように，クラインは，描画を意味として捉えるのではなく，その描画が描かれる際に語られる語りを「きく」ことを通して，描画に表現された個々の要素の「関係性」を読み取り，その上で意味を超えたところにある無意識の欲望を解釈することが必要であることを示唆している。これこそが，構造論的に描画を捉え，解釈していく試みに他ならない。「描画連想法」では，描画を「きく」ことと同時に，こうした構造論的に描画をとらえる姿勢が求められる。

　では，以上述べてきたような，「描画連想法」の根幹をなす２つのポイントは，事例を通してどのように見出されるのであろうか。

　一連の描画の４枚目（図1-4）に目を向けてみよう。子どもは，雲を描いたときに，突然「赤ちゃん」という言葉を語っている。この「赤ちゃん」という言葉は何を示しているのであろうか。

　雲の絵と並立して木の絵が描かれており，一定期間の夢の各場面は同じ構造を持っているという「夢の累層構造の法則」（新宮，1988）に照らし合わせてみると，木の描画と雲の描画における構造の一致が認められる。すなわち，３つのものが並び，その右側にそれぞれ「僕」と「兄」を表す強度の高い絵がきている。その中で，鳥と赤ちゃんが同じ位置にあることが分かる。すると，なぜ木に穴が空いていて，その穴から鳥が出てきたのかが理解できる。穴が空いている木は，「お母さん」であり，穴は子宮を意味している。すなわち，鳥は「赤ちゃん」として穴から出てきているのである。

　また，子どもは新幹線を描いた後，「新幹線はトンネルの中を走るんだ」と言いながら，トンネルを描き加えている。このことは，「中に入る，外に出る」というテーマを持っている点で，鳥が穴から出てくる構造と同じものを示している。さらに，「たまごっち」はたまごとしての赤ちゃんを産み育てるゲームである。

　このように見てみると，ここには非常に明確な形で一つのテーマが現れていることが分かる。それは，「子どもはどこから来るのか」という問いである。フロイトは，この問いを介して，子どもは世界との関わりを模索していくと述べ，その重要性を示唆しているが（Freud, G.W., VII），この問いはまた，エディプス的な問題に子どもが向き合っていく中で最も重要になる問いでもある。

　こうした構造は，7枚目（図1-7）にも認められる。すなわち，4枚目における木や雲の描画が家族を表現していたのと同様に，7枚目ではペンギンの家の中にあるものが，家族を表している。車のおもちゃは本人を，同様にお兄ちゃんのおもちゃはお兄ちゃんを表している。また，机が2つあることに目を向けてみてもよいだろう。机は，女性が象徴化されたものであり，2つあることは乳房を表わしている（Freud, G.W., II/III）。このため，ここでは母を示す。ロボット型のおもちゃ，冷蔵庫，トイレは，母を表す机の横に並立して描かれており，累層構造から父を表していることが分かる。これらは，複雑な機械でもある（Freud, G.W., II/III）。では，赤ちゃんはどこにいるのだろうか。それは，お兄ちゃんのおもちゃの中でコロコロと転がる玉であろう。ここでは，お兄ちゃんの体は，2つの要素が組み合わさったものとして表象されており，もう一方の要素は，母の子宮を表わしている。

　また，「吹っ飛ばしたら，入ったよ」という言葉に注意を向けてみよう。「入った」という言葉は，先に指摘したような「中に入る，外に出る」のテーマに関するものである。そして，「吹っ飛ばす」は，3枚目（図1-3）において，正義の味方が「嫌い」な犬を「吹っ飛ばす」という形で語られた言葉と同じものである。つまり，コロコロと転がる玉を「吹っ飛ばす」とき，子どもは正義の味方と同じ位置に立っていることになる。また，ここでは同時にトイレが描かれており，肛門的な解釈において，「子どもはどこから来るのか」という問いが構造化されていることが分かる。

　このように，描画が描かれる際に語られる語りを「きく」ことを通して，描画に表現された個々の要素の「関係性」を読み取っていくことで，この一連の描画が「子どもはどこから来るのか」という問いをテーマにしてなされていることが確認できる。また，この7枚目において，鳥であるペンギンの家が自分の家であったという関係から，鳥＝自分という図式が成り立つと仮定するならば，この問いは，「自らの起源を問う」問いとしても機能していると考えられるのである。

　9枚目（図1-9）以降，「子どもはどこから来るのか」の問いを反復する中

で，子どもはサディズム的な傾向を強め，最終的にそれは怪獣との闘いとして表現されることになった。フロイトは，「子どもはどこから来るのか」という問いの最終的に行き着く先にある両親の性交は，子どもにとって暴力的なものとして認識されると述べているが（Freud, G.W. VII），この闘いにより生み出されたもの，それが沈黙の後に描かれた赤ちゃんとしての「ヒヨコ」だったのである。

　「ヒヨコ」が子ども自身を示すものであるという点を踏まえるならば，子どもは一連の描画を通して，自らの「起源」に関する問いの再構成を行ったと考えてみることもできるだろう。すなわち，〈他者〉と自分との関係を再構成する（〈他者〉に何を欲望されて，自分が生まれてきたのかを問い直す）という意味において，①描画を「きく」ことを重要視すること，②構造論的に描画をとらえることはそれ自体，治療的な効果を生み出すものとしてもあるのである。

　③解釈としての「紙の交換」の意義

　「描画連想法」が目指すところは，描画を介して主体に論理的関係性を導入していくことである。それは，描く者に，自らもまた時間的存在であるということを気づかせる試みでもある。フロイトが「無意識は無時間的である」（Freud, G.W. X; 286）と述べているように，無意識においては一般的な意味での時間はない。しかし，「拍子（temps）」のようなものはあり，それが「区切り」を生み，「区切り」は主体の時間化を促す（Lacan, 1964）。同様に描画も，さまざまな要素が同時的に描かれているという意味で，それ自体としては無時間的な平面である。紙の交換とは，そこに「区切り」を入れることである。

　ラカンは，このような意味での主体の時間を「論理的時間」として定義し，「論理的時間と先取りされた確信についての断言，ある新ソフィズム」の中で，「3人の囚人」の寓話を例として取り上げながら述べている（Lacan, 1966）。その「3人の囚人」の寓話とは，次のような話である。

　　3枚の白い円板と2枚の黒い円板がある。それを3人の囚人の背に，それぞれ1枚ずつ張る。他の2人の背中の円板を見た上で自分の背中に張られている円板が何色かを言い当て，その結論に至った論理的推理を示すことのできた囚人が釈放される。また，その際，囚人同士で話をすることは禁じられている。そして，囚人たち皆の背中に，白い円板が張ら

れる。いくらかの時間といくらかの動きの後，囚人は皆同じ「私は白である」という結論に至る。

　いま，自分のために結論を言いに来た囚人をＡとし，Ａがその行動について思いを巡らした結果彼の推論を引き出した囚人達をＢ，Ｃとしよう。すると，先の囚人が自らの答えを導き出した論理関係を，次のように言い換えることができる。Ａは，ＢとＣの背中に張られた２枚の白い円板を見ながら考える。もし，「私が黒であるならば，Ｂは『もし私が黒であればＣは走り出すだろう。でも，Ｃは走り出さない。とするならば，私は黒ではなく，白なのだ』と考え，走り出すだろう」と。でも，Ｂもまた走り出さない。ということは，「私は黒である」のではなく白なのだと。そして，Ａはこのように導き出された答えを言うために，走り出す。しかし，Ａは再び立ち止まる。それは，ＢとＣもまた走り出したのを見たからである。先に結論を導き出した推論において，そこには「ＢとＣが走り出していないのを見た」という瞬間があった。つまり，Ａは「私は白である」という論理的展開を一方的にＢとＣに押し付けることで結論し，走り出した。だが，ＢとＣが走り出すのを見て，再び自分の出した結論が正しかったのかどうか不安になり，立ち止まる。このとき，同時にＢとＣもまた立ち止まる。この２度目の立ち止まり（＝「区切り」）によって，Ａは改めてＢとＣもまた同じ推論に至ったことを理解し，はじめて「私は白である」という確信を得ることになる。もしＡが黒であれば，ＢとＣは絶対に立ち止まるはずはなかったからである。そして，Ａは急いで自分が白であることを言うためにまた走り出し，戸口を出る。

　ここで重要なことは，立ち止まりとしての「区切り（scansion）」によって，同時性の平面（囚人がそれぞれ円板を張られた静態的状況）に，「せき立て（hâte）」という形で時間を導入する契機がもたらされていることである。これにより，囚人達は，走り出すという行為を通して，３つの時間（見る時間，理解する時間，結論を引き出す時間）を引き出し，結論に至ることができる。ラカンは，このような形で時間を導入された囚人が「私は白である」という結論を導くことの中に，主体が自らを「私は人間である」と自己規定していく過程と同じものを見て取っている（＝短時間セッション）。

　「描画連想法」においても，このような状況と同じ状況が見出される。クライアントが幻想を紙の上に描いていく中で，治療者は紙を交換していく。その際，この紙を交換するタイミングが問題となる。クライアントによっては，なかなか紙を手放そうとせず，同じ紙に幻想を重ね描きしていく場合も

見られる。そこでは，クライエントの幻想は停滞しているかのようにも見える。しかし，クライエントの状況に合わせ，少しずつ紙を交換していくタイミングを導入していくと，次第にクライエントはある種のリズムを得たかのように描き始め，それに伴い幻想は新鮮さと広がりを見せていく。このような紙の交換は，「区切り」としての機能を果たし，クライエントの中に時間を導入していく契機を作る。

④対象aを浮かび上がらせること

ラカンは，セミネール『アンコール』の中で「この時間（論理的時間）を引き起こすのは対象aである」と述べている（Lacan, 1975）。また，このように述べた後に，「3人の囚人」の話を取り上げ，「彼ら（囚人たち）は，3人である。しかし，現実には，2人プラス対象aである。2人プラス対象aという状況は，対象aの目から見ると，他にも2人がいるということにではなくて，大文字の「一」プラス対象aがいるということに還元される」と述べている。

先に確認したように，囚人たちは，「私は黒である」という結論を他の囚人に一方的に押し付けながら否定することにより，自らを「私は白である」と先取りして結論を出すことができた。しかし，このような結論を最終的に導き出すためには，2度目の「立ち止まり」としての「区切り」により，もう一度「私は黒ではない」ということを再認することが必要であった。すなわち，人間は，自らを人間として確立するとき，そこに人間ではないもの（＝「私は黒である」＝対象a）があることを知り，それを〈他者〉＝第三者（＝大文字の「一」）を介して省みることが必要なのである。このような「人間ではないもの」，換言すれば，他人の中に埋め込まれ，私にとって非人間的で疎遠で，鏡に映りそうで映らず，それでいて確実に私の一部で，私が私を人間だと規定するに際して，私が根拠としてそこにしがみついているようなものとしての対象aを目の当たりにすることで，人間はそれぞれ自らを人間として認識していくことになる。また，対象aが「私は黒である」という「自分以前」を引き受けることにより，主体が「それ以降」として，急き立ての中で「以前」を越え出て行くことができている点に注意したい。この意味において，対象aは主体の時間化を促す原因でもあることになる。

事例の7枚目（図1-7）から8枚目（図1-8）への移行のときに，子どもが「自らの家」を描画の中に封じ込めていることに注目してみよう。このとき，子どもは自分を外から，第三者の視点を介して見たのである。このよう

に，象徴化のどんな操作からも余り物として残されるような対象 a を浮かび上がらせることが，ひとつの治療的意義を持つと考えられる。

　描画セッションにおける紙の交換は，まさにこのような意味においてクライエントの固定化された幻想を「区切り」,対象 a を浮かび上がらせていく試みである。クライエントは，紙の交換によってその都度，自らを人間化する際の根拠となるものと出会い，その上で自らを改めて人間として構築していく。

　子どもが描画の中に自分を描き込んでいる間は,「食べられる」カタツムリやセミが，そして穴を出入りする複数の形象が対象 a となるが，子どもが描画の外側に自分の位置を定めた 9 枚目（図 1-9）以降は構造が変わる。その際，子ども，治療者（筆者），描画がそれぞれ「3 人の囚人」に準えられる。描画は，紙の交換により時間を導入される瞬間，対象 a として機能する。そして，治療者（筆者）もまた，紙を交換する所作（紙をさっと引く行為）のもとに，子どもに対して「急き立て」を生み出し，子どもとともに走り出す者としての対象 a として体現するだけでなく，子どもが治療者（筆者）との関係において〈他者〉と自分との関係を再構成できるように，自らを「区切り」として位置づけることになる。このとき，子どもは,「3 人の囚人」の一人のように，自らを時間的存在として捉える反復の中に身を置き，振り返るのである。

　しかし，ここで注意しておかねばならないことは，紙の交換としての「区切り」はクライエントが描画を描く際に語ることを「きく」ことを通して，はじめて意味を持つということである。ラカンは「巧みな句読法こそ，主体の語らいにその意味をもたらす」(Lacan, 1966) と述べているが,「きく」ことを通して描画を読むことが可能となるとき,紙の交換としての「区切り」は句読点として機能する。そこから，クライエントは事後的に今までとは異なる意味と向き合っていくことになる。これこそ，対象 a を浮き上がらせる試みである。

　「きく」ことを通して，クライエントの語りの中に「3 人の囚人」の話に見られたような「急き立て」を聞き取り，それに合わせて紙を交換するとき，はじめて紙の交換としての「区切り」の意義が生み出される。紙の交換は，描かれたものを「区切る」だけでなく，その描かれたものと結びついた語りの両面を「区切る」ことにより，その有効性を保つことになるのである。

IV. 「描画連想法」からトポロジーの臨床へ

　以上，「描画連想法」について，その施行上のポイントに沿って説明を行った。しかし，クライエント一人ひとりの語らいの仕方が異なるように，「描画連想法」の実践の仕方もまたその時々によって変化し得るものである。むしろ，そうした柔軟性が求められるところに，「描画連想法」の奥深さが存在しているように思われる。後の章で取り上げる「描画連想法」の事例からも，そのことが窺えるだろう。

　本章で紹介した事例のように，「描画連想法」の実践は，主体にとっての「誕生」や「死」の問題と密接に結びつきながら展開される。これは，パスカルPascal, B. が指摘しているような，人間という存在の構造的限界に起因するものである。

　　人間は自然の中にあって何者であるか。無限にくらべると虚無，虚
　　無にくらべるとすべて，無とすべての中間者。両極を理解するには
　　それらから無限にへだたっているので，事物の終わりと始めとか
　　は，かれにとって底知れぬ秘密のうちにせんかたもなくかくされて
　　いる。…（中略）…してみると，人間は事物の始めをも終わりをも
　　知ることのできない永久の絶望のうちにあって，ただ事物の中間の
　　〔ある〕様相を認めるほか，何をなしえるであろうか（Pascal, 1990;
　　33-36）。

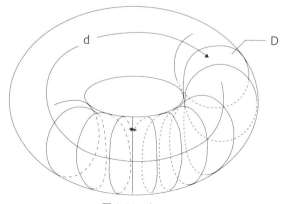

図 1-11　トーラス

　このような自らがどこから来て，どこへと去っていくのかを知り得ず，ただ中間の様相を認めるしかない人間の姿は，トポロジーを用いて表現すると，一つのトーラスとして描けるだろう（図1-11）。我々は，〈他者〉から何を欲望されて存在しているのかをいうことを言うことのできない穴の開いた存在であり，そうした欲望（désir = d）の中心穴の回りを巡ってただ要求（demande = D）し続けることしかできないからである。

　では，どうしたらこのようなトーラスとしての人間は，〈他者〉の欲望をもとに自らの欲望を立ち上げていくことができるのであろうか。次章では，トポロジーの臨床が切り開く地平と「描画連想法」が具体的にどのように結びつくのかについて，転移の問題も考慮しながら検討してみたい。

第 2 章

描画空間のトポロジー

転移の問題を巡って

　「我々はどこから来たのか，我々は何者か，我々はどこへ行くのか」。この問いに対して，戸惑いなく答えられる者はいないだろう。かつては，神の存在がこの問いにある一定の見解を与えてくれていたのかもしれない。しかし，そのような神の存在を失った今，我々は，パスカルの嘆きに代表されるような，問いに答える術を知らぬ永久の絶望の内に留まったままであるかのようである（Pascal, 1990）。

　ゴーギャン Gauguin, P. の大作『我々はどこから来たのか　我々は何者か　我々はどこへ行くのか』（図 2-1）からもまた，その絶望の一端が見受けられるが[註1]，このような人間が抱える根源的苦悩を導く，人間における「欠如」に注目し，そこから主体の存在意義を模索していこうとする精神分析の可能性に目を向けることで，我々は絶望の淵から少しだけ歩みを進めることができるのではないだろうか。

　例えば，ラカンは次のように述べている。

　　欠如は，主体性の構成にとって根元的なものです。ここで言っているのは，分析経験の道を通って我々の前に現れる主体性のことです。このことを次のような定式で言い表したいと思います。あることが知られ，何かが知へとやってくるやいなや，そこに失われた何かがある。この失われた何かについて考えるもっとも確実な方法，それは，それを身体の断片として構想することである（Lacan, 2004; 158）。

註 1）ゴーギャンは，「カトリック教会反対論」の中で，「我々はどこから来たのか，我々は何者か，我々はどこへ行くのか」の問いを巡る葛藤について哲学的な立場からも議論している。その中で，パスカルを引き，当時の教会の考え方に異議を投げかけている点は，このことと密接な関係にあると考えられる（Gauguin, 1974）。

図 2-1　ポール・ゴーギャン作『我々はどこから来たのか 我々は何者か
我々はどこへ行くのか』(1897-1898 年制作，ボストン美術館所蔵)

　本章では，描画を用いた精神分析実践である「描画連想法」の事例を検討
することを通して，上述の歩みの可能性を考える。また，そうした歩みの中
にあって，イメージや描画空間のトポロジーがどのようなものとしてあるか
を，転移の問題も考慮しながら示してみたい。

I.　事例の提示

(1) 事例の概要

　報告する事例は，友人からのいじめを契機として不登校となり，適応障害
の診断を受けた女子中学生(以下，Cl と記す)のものである。2 女の同胞の
第 1 子である。発達的な問題は特に認められず，今回のいじめが起こるまで
はどちらかというと活発な子であったという。不登校になり始めて半年が経
過したことから，心配した母親に伴われて筆者が所属する病院を受診した。
週 1 回のセッションを約 2 年間行う中で，最終的に，Cl は自らの生き方を，
他者(妹や母)に依存する形ではなく，主体的に選択していくことができる
ようになり，その結果，不登校の問題も自ずと解消されるに至った。

(2) 事例の観察および考察

　ここでは，治療に一つの転回点をもたらしたと考えられる「描画連想法」
の内容とその後のセッションの流れに絞って提示する。
　以下は，「描画連想法」を行った，ある回のセッションの様子である。

［1枚目］

　筆者が「今からいつものように，目をつぶって線を描くので，それが何かの形に見えたら教えて下さい。そして，その見えた形になるように，描き足してみて下さい」と教示し，紙の上に，波線を描いた。すると，Cl は，しばらく考えた後に，「蛇に見える。こんな風に黒い部分があって，目もあって」と言いながら，蛇を描き上げた（図 2-2）。

　そこで，筆者は「この蛇はどんな所にいるのかな？」と問いかけ，さっと紙を引き，新しい紙と交換した（この時点で，ウィニコットのスクィグル技法から「描画連想法」へと移行している）。

［2枚目］

　Cl は「熱帯雨林」と言いながら，左側に 1 本の木を，中央に川を，右側に 2 本の木を順に描き，最後に，草むらを描いた（図 2-3）。筆者が「蛇はこんな所にいるのかぁ。何をしているのかな？」と訊ねると，Cl は「何してるのかなぁ。のんびりと暮らしてるのかも。でも，熱帯雨林だから，毒を持った奴がいるのかもしれない。蛇は獰猛なイメージがない」と答えた。

　そこで，筆者は「毒をもった獰猛な奴とはどんな奴なのかな？」と問いかけ，さっと紙を引き，新しい紙と交換した。

［3枚目］

　Cl は「蜘蛛とかかなぁ」と言いながら，蜘蛛を描いた（図 2-4）。そして，「蜘蛛です。タランチュラ」と言った。筆者が「他には何かいるのかな？」と訊ねると，Cl は「何かいるかなぁ。虫がいっぱいいそう。行きたくはない」と答えた。そこで，「虫は苦手なのかな？」と促すと，Cl は「ダンゴ虫，蝶は

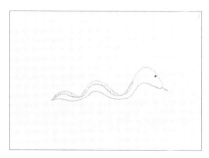

図 2-2　1枚目

図 2-3　2枚目

大丈夫。でも，セミは無理」と答えた。続けて，「セミが無理なのはどうして
なのだろう？」と訊ねると，Cl は「隣の家はおばあちゃんの家で，広くて，
庭にはいっぱい木が生えている。ビニールハウスがあったり，田んぼがあっ
たり。小さい時，田んぼを走ったり，ブドウを取ったりしていた時に，蜂や
セミがいた。ある時，セミが落ちていて，長生きしないのを知らなくて，木
に戻してあげようとしたら，バタバタ，ウァーとなって。だから，セミは嫌
い。バタバタバタって。こちらが助けてやろうとしたのに，あいつは。だか
ら，セミは可愛くない。顔が気持ち悪い。でも，蜘蛛は好き。蜘蛛を妹に持
っていくと，気持ち悪いと言われる」と答えた。

　そこで，筆者は「蜘蛛は好きとすると，獰猛な奴は？」と問いかけ，さっ
と紙を引き，新しい紙と交換した。

[4 枚目]
　Cl は「ゴリラとか言いますよね」と言いながら，ゴリラのようなものを描
いた（図 2-5）。そして，「えっ，人みたいになってしまった。可愛い。どう
しよう。あっ，人だ。おじいちゃんだ」と言った。それに応じて，「おじいち
ゃん？」と訊ねると，Cl は「おじいちゃんじゃないです。ゴリラです」と言
いながら，ゴリラのようなものを黒く塗りつぶした。そして，「ゴリラは頭が
いい。恐い。仲間意識があるので。テリトリーに入ると，非常に怒る」と言
った。そこで，「ゴリラでないとすると，何に見えるのかな？」と訊ねると，
Cl は「何かなぁ。黒子さんみたい。黒子さんは顔がない」と答え，ゴリラの
ようなものの下に「ごりら」と書いた。

　そこで，筆者は「黒子さんは何をしているのかな？」と問いかけ，さっと
紙を引き，新しい紙と交換した。

図 2-4　3 枚目

図 2-5　4 枚目

［5枚目］

Cl は「黒子さん，可愛いな。どうしよう」と言いながら，初めに中央の黒子を描いた（図2-6）。そして，「テレビのお手伝いをしている。制作のお手伝い」と言いながら，右と左の2人の黒子と何かの道具のようなものをそれぞれ描いた。そこで，筆者が，中央の黒子の上にある白いものを指差しながら，「これは何なのかな？」と訊ねると，Cl は「これは，看板。テレビの背景にあるようなもの」と答え，続けて，「黒子さんが可愛い。きっとこんなんじゃない。中身はおじさんじゃないか。実は中身は素敵じゃない」と言った。さらに，「最近，ミッキーを見たが，中は素敵じゃないんだなと思った。昔は着ぐるみを見たら，走って行っていた。でも，今は違う。私も白くはないなと思って。くすんでいるんですね。同じ年の子に比べたら，精神的に低い。妄想癖がある。買い物をしていて，アイドルとすれ違ったらどうすると話すと，友達に『そんなわけない』と言われたりする。でも，友達に何かを相談されて答えると，『大人っぽいね』と言われることもある。じゃあ，どっちなのとなる。自分自身，6人の考え方があるから，割り切る必要はない。でも，周りから言われると，そういう風に考えるんだなと思う。ある人と話をしていて，この人はこうだなと思ったら，それに合わせて話し方を変えると仲良くなってくれる。だから，どんな風にもしゃべれる」と言った。

そこで，筆者は「黒子さんの中にはどんな人がいるんだろう？」と問いかけ，さっと紙を引き，新しい紙と交換した。

［6枚目］

Cl は，「こんな感じのおじさん」と言いながら，おじさんを描いた（図2-7）。筆者が「このおじさんはどんな人なんだろう？」と訊ねると，Cl は「まず表

図2-6　5枚目

図2-7　6枚目

に出ないだけあって，物静かな人。子どもは多分娘。娘とはコミュニケーションが取れないし，最近，娘の方が冷たくなったみたい。うまいこと昇進もできず，細く長くという感じ。家族もぎくしゃくしているけれど，仕事もうまくいっていない」と答えた。そして，「とても失礼かも」とぼそっと言った。筆者が「どうして娘さんがいると分かったのかな？」と訊ねると，Cl は「目が大きいから。このオーラの感じが」と答えた。

　そこで，筆者は「どんな娘さんなのだろう？」と問いかけ，さっと紙を引き，新しい紙と交換した。

[7枚目]
　Cl は，「ギャルになりきれていないギャルの子。おしゃれには目がいくが，そうなれない」と言いながら，女の子を描いた（図 2-8）。続けて，「単に友達の空気を読んで，うんうんうんと言って，親には辛く当たる」と言った。
　ここで，この回のセッションを切り上げた。

　描画連想法を施行することで，Cl の連想は，これまでとはまた異なる形で紡がれていった。その中でも，3 枚目（図 2-4）の「毒をもった獰猛な奴」がいる虫がいっぱいいそうな所に「行きたくはない」という語りと不登校との関係，あるいは，4 枚目（図 2-5）の可愛いおじいちゃんと「ゴリラは頭がいい。恐い。仲間意識があるので，テリトリーに入ると，非常に怒る」という語りに結びつくゴリラとの関係や，5 枚目（図 2-6）の「黒子さんが可愛い。きっとこんなんじゃない。中身はおじさんじゃないか。実は中身は素敵じゃない」という語りに認められる，見た目と中身の違いに対する不安とクラスメートとコミュニケーションを取ることの難しさとの関係から，Cl が

図 2-8　7枚目

直面している不登校の問題と本人の幻想との繋がりが見て取れる点は興味深い。実際，Cl は 5 枚目において「自分自身，6 人の考え方があるから，割り切る必要はない」と語ることで，クラスメートとのやり取りの困難さを，多重人格的な適応の仕方で対処しようと試みていたことを明らかにしている。このような，症状と幻想との結びつきが面接の場で語られたことは，それ自体治療的意義を持つものであったと考えられるだろう。

　しかし，その後，「描画連想法」は，3 枚目（図 2-4）において子どもの頃の思い出とともに語られた，不気味なものとしての「セミ」を巡って展開していくことになった。3 枚目の語りにおいて，セミは自分にとって「気持ち悪い」ものであるとされており，逆に，自分にとっては「好き」とさえ言われている蜘蛛が，妹にとっては「気持ち悪い」ものであったことが述べられている。妹が蜘蛛に対して感じる気持ち悪さは，Cl 本人がセミに対して感じる気持ち悪さと同じものであり，ここには同胞性の確認の試みが見られると同時に，一般的に嫌われる蜘蛛を妹に持って行ったことそのものは，同胞間の攻撃性の発露であったと推測できるだろう。このように Cl には，妹の誕生に伴い喚起された存在に関する不安，あるいは，それまでの自分の居場所を奪うことになった妹に対する無意識の攻撃性があり，それらが縮合された対象として，「獰猛な蜘蛛」や「気持ち悪いセミ」が描かれていたであろうことが分かってくる。このような見通しは，その後のセッションにおいて次第に明らかになっていった。そうした関係はまた，いじめが起こる前の居心地のよい，何でも自分の思い通りになっていたクラスで過ごしていた頃の Cl と，いじめが起こったことでクラスでの居場所を失い，不登校となった Cl の関係と重ね合わされて語られていた。

　およそ 2 カ月後のセッションでのことである。Cl が再び子どもの頃の祖母宅の庭での思い出について語ったことを契機に，その頃の庭の様子を絵に描いてみることになった。以下は，その時のやり取りの様子である。

　Cl は「ここに家があった。ここに犬小屋，犬がいる。ここに車が止まっていて，軽トラックの上で，遊んでいた。その左に農業用の倉庫があった。ここにだーっと道があって，金魚の池があった」と，当時の記憶を辿りながら，ゆっくりとそれぞれを描いた。そして，少し絵の全体を眺めた後，再び「ここに木があって，ブドウとか柿とか，いちじくとかがなっていた」と言いながら，それぞれを描いた（図 2-9）。

　この時，偶然，面接室の電話が鳴った。このため，筆者が戸惑いながらも

図 2-9　祖母宅の庭での思い出

図 2-10　用水路と黒い点（部分）

電話に出ようとしたところ,間髪入れずに Cl が「トイレに行ってきます」と告げ,面接室を出ていった。しばらくすると,Cl はトイレから戻って来て,何事もなかったかのように,「ここら辺の家の周りは,木で囲まれている。ビニールハウスもあって」と言いながら,再び絵を描き始めた（図 2-10）。

　そこで,筆者が「今,トイレに何を流してきたのでしょう？」と問いかけると,Cl は突然の問いかけに驚いた様子を見せながら,「何となく,トイレは落ち着く。唯一一人になれるから」と答え,続けて,「ここには用水路があって,ここら辺に田んぼがある。どこにいても,水の音が聞こえてきた。池で遊ぶこともあった。大きめのプールを作って,泳いだりもしていた。水の中に入ると落ち着く。トイレが好きなのも,水の音がするからなのかもしれない」と言った。筆者が「トイレの水の流れは,この用水路の流れでもあったのですね？」と応じると,Cl は「水の中って,守られているような気がする」と答え,続けて,「以前話したセミは,この木の所にいた」と言いながら,トイレに行く前に描いていた木の幹（畑の下にある一番右の木の幹）に,黒い点を打った。

　ここで,この回のセッションを切り上げ,終了した。

II. 考　　察

（1）イメージと「区切り」

　このような治療の一つの転回点となったセッションの流れにおいて，一体何が生じていたのであろうか。

　ここで注目したいのは，「描画連想法」における「紙の交換」としての区切りや，偶然にも Cl 自らが実践しようとした区切りと重なり合う形で生じた電話の音としての区切りなど，区切りが治療の展開において重要な役割を果たしている点である。

　第１章で確認した通り，区切りを介して主体に「論理的時間」を導入していく意義を最大限引き出す方法として，ラカンは「短時間セッション」を考案したが，「描画連想法」における「紙の交換」は，まさにこの意味において Cl の固定化された幻想を区切り，不可能なものとしての対象 a を浮かび上がらせていく試みである（牧瀬，2015）。Cl は，「紙の交換」によってその都度，自らを人間化する際の根拠となるものと出会い，その上で改めて自らを人間として構築していくことになる。

　この点を踏まえた上で，事例の初めのセッションでの３枚目（図 2-4）において，「紙の交換」＝区切りを介して浮かび上がった不気味なものとしての「セミ」が，その後のセッションで，連想における言葉の流れ，思い出の祖母の庭における水の流れ，そして Cl 自身の尿の流れが重なり合う中，再び浮かび上がることになったことを思い出してみたい。筆者が「今，トイレに何を流してきたのでしょう？」と問いかけたことに対して，Cl は，少しの間をおいてから，木の上に，以前のセッションで語られた「セミ」を描き加えた。この描き加えは一つの答えになっていて，この時トイレで流されたものが，「嫌い，可愛くない」と言われていた「セミ」であったことを物語っている。この時，Cl は，「セミ」という妹を代表象するものをトイレに流すという行為をもって，妹への攻撃性を再確認するに至ったと考えられるが，その際，「紙の交換」や電話の音としての区切りは，Cl 自らが実践しようとした区切りと重なり合う形で，Cl の語らいに区切りをもたらし，Cl が自らを時間的存在として位置づけ直す契機を導いたのである。

　「セミ」についての連想が初めに出現したセッションと，Cl がトイレに立ったセッションは離れてはいるが，Cl はそれらの２セッションを，あたかも続いているかのように，後のセッションで自ら繋いだ。一つのセッションの

間に，連想において川に流れてきたものの思い出と，Cl のその場での排尿行為によって流されたものが同一であると解釈できた例として，すでに新宮による実例があり，その例を踏まえてこの Cl の例を省みるならば，Cl 自らがセッションの区切りを実践するというラカン的な短時間セッションの方法論的な形が，ここに明確に現れているのを知ることができるだろう[註2]。

　さらに，「セミ」との関係において「水の中に入る，出る」という出産を巡るテーマが語られている点を踏まえるのであれば[註3]，そうした区切りはまた，Cl にとって，妹が生まれようとしていることを告げる意味を持っていたのだろう。妹が生まれてくる（＝走り出す）前に，自分も生まれ出なければ（＝走り出さなければ），自らを時間的存在として位置づけることができず，トイレに流される妹のようになってしまう。そのような区切りによってもたらされた「急き立て」によって，Cl は「3 人の囚人」の一人のように走り出し，3 つの時間（「見る時間」，「理解する時間」，「結論を引き出す時間」）を得て，結論に至ることができたと考えられるのである[註4]。

　この時，「紙の交換」という所作を為し，電話に出ることに戸惑いを覚えつつも結果的に電話に出た筆者もまた，自らを区切りとして位置づける中で，その存在意義を問われ，走り出す者の一人としてあるとともに，最終的に Cl の排尿によって流されることになった，人間ではないもの＝不可能なものとしての「セミ」を体現してもいたのだろう。そうした関係性のもとに，Cl は，自らを外から，第三者の視点を介して見ることができたのである。

　実際，Cl がトイレから戻り，再び紡がれることになった語らいの中で，改めて「セミ」を黒い点として打つことができたことは，これらの意義を事後的な形で示していると言えるのではないだろうか。これを，Cl が自らの語らいに句読点を打ち，先取りしていた結論をもとに自らを人間として再規定するに至った印として捉えることもできるだろう。

（2）描画空間のトポロジー

　では，このような過程において，分析の場はどのように構造化されていた

註2）「トイレに立つという行為が，分析を受ける主体が自ら実践した区切れ」（新宮，1995; 83）となることがある。
註3）フロイトは，「水の中に入る，出ること」が，象徴的に出産を表すと指摘している（Freud, G.W.II/III; 405-406）。また，新宮は，「虫にたかられる夢」は妊娠の観念に対応すると述べている（新宮，2000）。
註4）実際，上記の新宮の例においても，排尿行為で区切られたセッションは，Cl が弟の誕生について語っていたセッションであった。

のであろうか。特に，トイレに流される「セミ」としての妹が，存在しては
いけない Cl（＝トイレに流される妹のような Cl），あるいは，Cl がかつて言
語的主体として成立する際に失うことになったものでもあるとするならば，
そこでは，尿としての Cl が Cl 自身の内部にあるという不可能な空間構造が
展開されていたと言える。このことはどのように考えられるのであろうか。

　ラカンは，区切りを介して主体に「論理的時間」を導入する分析実践のあ
り方を，穴の機能を有するトポロジーの観点からも検討している（Lacan,
1965）。そうした観点は，この問題を考える上での糸口を与えてくれるよう
に思われる。

　第 1 章で取り上げた「3 人の囚人」の寓話をもとに考えてみたい。原抑圧
を経た後の，自分の背中に張られた円板の色を知り得ず，欲望（désir ＝ d）
の中心穴の回りを巡ってただ要求（demande ＝ D）し続けることしかできな
い囚人の姿は，トポロジーを用いて表現すると，トーラスとして描けるだろ
う。そうしたトーラスの状態のままでは，囚人は一巡しても結論を引き出す
瞬間に来たということに全く気づくことができない（図 2-11）。しかし，区
切りとしての「切断」をもとに，トーラスをクラインの壺に変換すると，中
心穴の回りを旋回しながら一巡し終えた時に「反転」が生じるため，囚人は
一巡するという形で理解する時間を得て，結論に至ることができるようにな
る（図 2-12）。すなわち，「反転する」際に浮かび上がることになる人間では
ないもの＝不可能なものとしての対象 a との関係を介して，囚人は「自らを
人間として規定する」契機を得ることができるようになるのである。ラカン
はまた，反転円を二分する（要求と同一化を二分する）線を，転移を支える
線と位置づけ，転移のもつ人工操作的性質と欺きの性質を示してもいる（図
2-13）。

　この点を踏まえるならば，Cl が，尿としてのセミ，妹，そして，かつて自
らを主体化する際に失うことになったものでもある，人間ではないもの＝不
可能なものと区切りを介して出会い損ねる時，トーラスから「反転」の契機を
含むクラインの壺への変換が，分析の場のみならず，Cl の身体空間において
も展開されていたと言えるのではないだろうか。本章の冒頭において引いた
ラカンの指摘を思い出すならば，主体が存在を巡る問いに答えることの「不
可能性」と向き合い，そこから新たな生を立ち上げていく際には，その「不
可能性」としての欠如を「身体の断片」＝対象 a との関係において捉え直し
ていくことが求められる[註5]。故に，尿としての Cl が Cl の内部にあるという
不可能な空間構造が生じたのであろう。

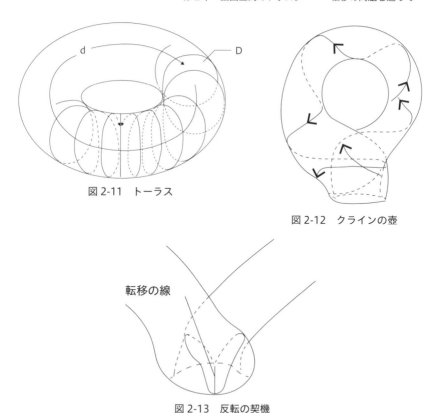

図 2-11　トーラス

図 2-12　クラインの壺

転移の線

図 2-13　反転の契機

　ラカンは『エトルディ』の中で，次のように述べている。「構造，それは言語活動の中で明るみに出てくる現実界のことである」（Lacan, 2001; 476）。「構造は，言語的な繋がりの中に隠されている非球体的なもののことであり，主体という効果がそれによって把握されるのである」（Lacan, 2001; 483）。すなわち，我々は，トポロジー的なイメージの支えをもとにしてはじめて，その向こうに純粋な現実が働いているということを知ることができるのであり，この意味において，治療空間の中でトポロジー的変換を展開する＝不可

註5）この点に関して，ラカンは次のようにも述べている。「対象aとは，主体が自らを構成するために手放した器官としてのなにものかです。これは欠如の象徴，ファルスの象徴，ファルスそのものではなく欠如をなすものとしてのファルスの象徴，という価値があります。ですからこれは，第一に切り離せるものとして，第二に欠如と何らかの関係を持っているという点において，対象でなくてはなりません」（Lacan, 1964; 95）。

能な空間^{註6)} を浮かび上がらせることはそれ自体，Cl が不可能という現実を
もとに，自らを時間的存在として位置づける契機を導くと考えられるのであ
る^{註7)}。

　しかし，ここで注意しておかなければならないのは，クラインの壺が「反
転」する際に生じる転移の問題である。この点に関する，次のようなラカン
の指摘は意義深い。

> 転移が要求を欲動から遠ざけるものだとすれば，分析家の欲望は要
> 求を再び欲動へと連れ戻すものです。この道を介して，分析家は「a」
> を分離し，それを，彼がその具現者になるべく主体から求められて
> いるもの，すなわち「Ⅰ」から，可能なかぎり離れたところに置く
> のです。「a」を分離する支えとなるためには，分析家はこの「Ⅰ」
> との同一化という理想化から失墜しなくてはなりません。それが可
> 能となるのは，分析家の欲望が，一種の逆催眠の中で，彼の方こそ
> が催眠をかけられた者の立場に身を置くことを可能にしてくれるか
> らです（Lacan, 1964; 245）。

　Cl が，クラインの壺における「反転」の契機をもとに，「見る時間」，「理
解する時間」を得て，結論を引き出すに至った際，筆者もまた，Cl とともに
走り出す者としてあったと同時に，Cl の排尿によって流されたセミを体現し
てもいたことを思い出したい。この時，筆者が Cl の存在を支える理想像と
してあるような自我理想（Ⅰ）の位置に留まっていたとしたら，「不可能性」
への開かれはすぐに閉じられ，Cl がそこから新たな生を立ち上げていくこと
はできなかったであろう。そうした姿勢は，Cl が妹の誕生後，常に妹を基準
にして物事を決定するようになったこと，あるいは，母の思い通りの自分を
生きることを維持する方向へと導くことになったに違いない。そうではなく，

　註6）新宮は，このような不可能な空間が「生と死の移行領域」としてあると指摘する
　　とともに，その特徴として，①死という象徴を経由していること，②「反復」という
　　質を以て現れること，③3次元空間では表象できないこと，しかし現実であること，
　　④その直接的なイマーゴはしばしば「寸断された身体」であること，の4点をあげて
　　いる（新宮，2010; 32-44）。
　註7）この点に，精神病，発達障害の治療との接点を見出すこともできるのではないだ
　　ろうか。両者の治療においては，治療空間の中でトポロジー的変換を展開するという
　　仕方ではなく，穴の機能を有するトポロジー的な構造そのものを構築していくことが
　　求められるように思われる（詳細については，第6章，第7章を参照のこと）。

筆者が対象「a」としての排尿によって流されることになったセミを体現し，「不可能性」への開かれを維持する方向へと進んだこと，それが Cl の存在を再構成する転回点をもたらし，Cl 自らが主体的に生き方を模索していくことを促したのである。

　治療者が Cl の「I」の座から失墜し，Cl から「a」を分離することが，治療を展開していく上で必要となるのであり，この点は，治療の場でイメージの問題を扱っていく際に常に治療者が意識しておかねばならないことなのである。

III. 想像性と不可能性

　以上のような方法が，現代において我々が人間の抱える根源的苦悩と向き合い，自らの存在を再構成していく上での一つの可能性としてあるとするならば，その中にあって，イメージはどのようなものであるのだろうか。

　事例の検討を通して見えてきたことを踏まえるならば，我々はまさに，イメージ，あるいは想像する力によって，はじめて自らを人間として位置づけ得る存在であると言えるだろう。

　Cl が区切りを介して「セミ」という人間ではないもの＝不可能なものを再認し，想像的に先取りした結論を事後的に確信する形で自らを時間的存在として位置づけ直すに至ったように，我々は「我々はどこから来たのか，我々は何者か，我々はどこへ行くのか」の問いに答えることの不可能性と向き合う中で，イメージといくらかの動きを介して，不可能なものをもとに自らの存在根拠となる論理を作り上げるのである[8]。故に，「描画連想法」においては，Cl がどのようなイメージを描くかということよりもむしろ，描かれたものの意味を超え，イメージを介して Cl がどのように存在を巡る不可能性と向き合う論理を打ち立てようとしているかに着目することが求められる。その際，描かれたものだけでなく，描かれたものと結びついた語りの両面を区切る「紙の交換」は，不可能なものそのものとして機能することになるのである。

　ゴーギャンの大作『我々はどこから来たのか　我々は何者か　我々はどこへ行くのか』における，画面中央のイヴを思わせるような女性が取ろうとして

註8）このことを，我々が幼少期に，それをもって自らを人間として規定するに至ったような「子どもはどこから来るのか」の問いを再構成する作業として捉えることもできるだろう（牧瀬，2015）。

取れないでいる果実（粟津，2014），あるいは，「誕生」，「生」，「死」を象徴するそれぞれのイメージの統一性に内在する綻びに（本江，2009），絵画の区切り＝裂け目と先人たちの不可能なものとの関係を認めることができるように見えるのは，このことと無関係ではないだろう。次章では，こうした先人たちの想像性と不可能性を巡る知を，どのように我々の臨床実践に活用していくことができるかについて，白隠の禅画に学ぶことを通して考えてみたい。

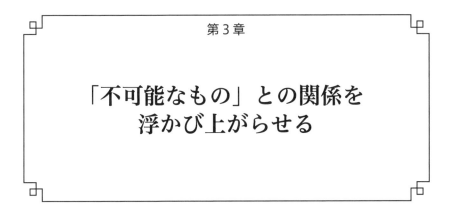

第 3 章

「不可能なもの」との関係を
浮かび上がらせる

　ラカンは，「精神分析における話と言語活動の機能と領野」の中で，次のように述べている。

　　私は，自分の臨床経験が 1 つの結論を迎えていたある時期に，人呼んで，ラカンの短時間セッションなるものを実践していた。そのときに，ある男性主体から，帝王切開によってそれを解決するという夢とともに，肛門妊娠の幻想を明らかにされたことがあった。そのセッションの持続時間は，この幻想の開示にちょうどよいものであった。もしそうでなかったら，私は，ドストエフスキーの芸術に関する彼の長広舌をさらに聞き続けていることになっていただろう。…（中略）…ちなみに，この手続きは，禅という名で呼ばれ，極東のある宗派の伝統的修行の中で，主体の開示の方法として適用されている技法と，究極において同じものだということを指摘しているのは，ひとり我々のみではない（Lacan, 1966; 315）。

　このように，ラカンは自らの臨床実践を基礎づける解釈技法，すなわち，「話が生まれ出ずるようにするためにこそ，語らいを切る」（Lacan, 1966; 316）ような「短時間セッション」の技法と禅における主体の開示方法との共通性を指摘している。さらに，ラカンは，その後期の仕事に位置づけられるセミネール『アンコール』の中でも，主体の享楽と去勢との関係について語りながら，「仏教の中には，さらに良いものがあります。それは禅です。そして，禅というのは，あなたに対して，咆哮でもって答えるようなことで成り立っています」（Lacan, 1975; 104）と述べており，自らの臨床実践の理

論化において，禅の考え方を積極的に取り入れていたと言える。

　こうしたラカン派精神分析と禅の接点が生まれた背景には，解釈技法の共通性のみならず，主体のあり方に関する認識の類似性もまた存在していると考えられるが（Ruff, 1988），両者の接点を改めて検討し直すことで，我々の臨床実践に生かしうる知見を得ることができるのではないだろうか。本章では，こうした構想のもとに，白隠による禅画の方法とラカン派精神分析の考え方の接点を検討し，そこから得られた知見を我々の描画を用いた臨床実践に活用していく方法を明らかにしてみたい。

I. 白隠の「禅画」とラカン派精神分析の接点

（1）白隠の禅画と自己言及の不完全性

　白隠（白隠慧鶴；1685-1768）が描いた禅画にはさまざまなものがあるが，『西国巡礼図』（図 3-1）と題された禅画は，我々の描画を用いた臨床実践を考えていく上で興味深い問題を含んでいるように見える[註1]。

　画中の 2 人は，西国三十三番の観音霊場を巡礼する者であり，1 人は四つん這いになり，もう 1 人がその上に乗りながら何かを書いている。よく見てみると，額の文字には「此堂にらく書きんぜい，畏入り」（ここに落書きをしてはいけません）と書かれている。もしこれが寺の関係者によって最初から書かれていた禁止公告であったとするならば，その左側のスペースがあまりにも空き過ぎており不自然である。また，もし禁止公告であるならば，管理責任者の名前が最後に書かれていてもおかしくはない。このように考えてみると，額の文字全体を巡礼が書いたということになり，巡礼は「ここに落書きをしてはいけません」と落書きしていることになる。ここには，自己言及のパラドックスが存在しているが，白隠は何のためにこのような絵を描いたのであろうか。

　この点を考えるヒントは，賛の言葉「ひゝく瀧つせ」に隠されている。芳澤によると，その当時の人々にとってこの言葉は，即座に「補陀落や岸打つ

註1）辻は，白隠の禅画の特徴について次のように述べている。「白隠の禅画の中で数の上では最も大きな割合を占め，かつ親しまれているのが，市井の風俗や擬人化された動物などを画題とした戯画である。ただの戯画でなく，画にかこつけて禅の思想を民衆に対しておもしろおかしく説いた寓意戯画であり，布袋のような禅機図上の人物もこれに加わって画題を賑わす。その賛文もまた方言を用いて機智横溢し，彼の文才画才の双方が有機的に結びついて独特のスタイルをつくり出している」（辻, 1997; 243）。

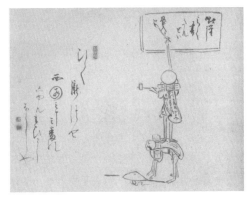

図 3-1　白隠慧鶴筆『西国巡礼図』（個人蔵）

波は三熊野の那智のお山にひびく瀧つせ」の歌を想起させるものであったという。すなわち，那智の大滝は観音菩薩の顕現とされるもの，また，その滝の音は観音菩薩の無限の慈悲の表れを示すものであり，この歌の意味が分かるならば，すぐさまその人は慈眼視衆生という観音菩薩の視座に立っていることになるのである（芳澤，2008; 65-66）。

　ここで絵に視線を戻してみると，「ここに落書きをしてはいけません」という矛盾した落書きをしている巡礼達は，「言及すれば自己否定になる」世界に陥っており，それを見ている我々鑑賞者は，「ひびく瀧つせ」の意味を了解するならば，まさに観音菩薩の大慈悲の眼でもって，画面の中の巡礼達を見ていることになる。

　自己言及のパラドックスの世界に閉じこもっている 2 人の巡礼には，絵の外の 3 次元からの視線は分からない。それと同じように， 3 次元世界に閉じ込められている我々は，さらに上の次元にある仏や観音菩薩の世界を具体的なイメージとして思い描くことはできない。有相と無相を超えた実相というのもまた同じ世界であり，「あるとも言えない，ないとも言えない，でも確かにあるもの，それに気づきなさい，観音菩薩という不可視の存在があるのだ」（芳澤，2008; 68）ということを，白隠は我々に気づかせるために，この禅画を描いたのである。

（2）自己言及の不完全性と「不可能なもの」としての現実界

　このような，描画を介して自己言及の不完全性への気づきを促し，「あるとも言えない，ないとも言えない，でも確かにあるもの」としての実相との関

係を浮かび上がらせる実践は，ラカン派精神分析の考え方と深い繋がりを持つものでもある。

例えば，ラカンは次のように述べている。

> 欲望者そのものは，欲望者としては撤廃されないかぎり，自身について何も言うことはできません。このことが欲望者としての主体の純粋な座を定めています。言葉で語ろうとする試みのすべてはこの水準では無駄です。言語活動の欠失でさえ，それを言うことができないのです。なぜなら，主体が言い始めるや否や，主体は嘆願者以外の何者でもなくなり，要求の領域へと入ってしまう，それは別ものだからです（Lacan, 1991; 434）。

主体が〈他者〉の領野において1つのシニフィアン（S_1）に同一化し，言語的主体として成立することは，同時に，主体が自らを捉えようとしつつ，そこから排除されてしまうことを意味する。シニフィアンは，本質的にそれ自身と異なるものであり，どのような主体も，シニフィアンから自らを排除することなしには，シニフィアンに同一化することはできないからである[註2]。故に，自己言及の不完全性の問題を通して，「我々は，言表内容の主体を支える言表行為の主体というものがあるように見えて，実はそのようなものはどこかに失われている」（新宮，1995; 116）ということに気づかされることになる。

しかし，そうした失われたものは，フロイトが『夢解釈』の中で「最も古い幼児期体験は，そのものとしては，もうありません」（Freud, G.W. II/ III ; 190）と表現しているもの，また，それを我々人間が抱える自己の起源を知ることの「不可能性」として捉え，その「不可能性」を現実として受け止めていくことに精神分析の出発点があるとしたものに他ならない。新宮によれば，人間は自己自身を示す言葉を持っていないという「不可能性」に直面し，自らを言語という〈他者〉にとっての欲望の対象として経験することになったが，こ

註2）ソシュールは，言語記号が「聴覚映像」であるシニフィアンと「概念」であるシニフィエの2つから成り立つことを示唆した（Saussure, 2005）。ラカンは，精神分析の知見を踏まえ，シニフィアンがシニフィエから独立した動きを構成し得るものであると考え，シニフィアンの自律性を主張した。すなわち，無意識はシニフィアンによって構成され，常に意識を超えた次元で自律的に動き，主体に影響を及ぼすことを看破したのである。この意味において，「エディプスコンプレクスとはシニフィアンの導入」のことであり，シニフィアンの導入をもって，〈他者〉の欲望が主体に届くことになるのである。

の経験こそが人間にとって真に「現実的なもの」としてあることをフロイトは明らかにし，そこに精神分析という象徴系列の再生産の営みの基礎を据えたのである（新宮，1995; 107-133）。

この意味において，ラカンは，「欲望者そのものは，欲望者としては撤廃されないかぎり，自身について何も言うことはできません。このことが欲望者としての主体の純粋な座を定めています……」と述べていると考えられるが，さらに，ラカンは，主体が言語的主体として誕生することによって「出会い損ねるもの」＝「不可能なもの」となる現実界，逃れ去るものとしての現実界との出会いの場として精神分析の場があることの意義を指摘するとともに（Lacan, 1964; 53），現実界と神々との関係について，「神々とは現実界に属するものでしょう。神々とは現実的なものの啓示のひとつの様式なのです」（Lacan, 1991; 58）と言及している。このことは，白隠が有相，無相を超えた実相において「観音菩薩という不可視の存在がある」と，鑑賞者に気づかせようとしたこととの繋がりを持つものであろう。すなわち，ラカン派精神分析，禅のいずれにおいても，問題は自己言及の不完全性の中にあって，我々はいかにして自らの存在を支えるものと関係を持つことが可能であるのかという問いとしてあり，さらには，その問い自体が孕む「不可能性」との関係をもとに主体の再構成を成し遂げる方法の模索にその重点を置いているのである。

（3）メビウス環と「不可能なもの」

ところで，S_1 に同一化し，言語的主体として存立している状態における主体のあり方を表現するとしたら，どのようなものになるのであろうか。先にも述べた通り，主体が〈他者〉の領野において１つのシニフィアン（S_1）に同一化し，言語的主体として成立することは，同時に，主体が自らを捉えようとしつつ，そこから排除されてしまうことを意味する。このため，S_1 の場所は，主体にとって「不可能なもの」＝空＝穴として捉え得られることになるが，この場所こそ，主体が主体として現れるにあたって，論理的に必要とされるものである。

このようなシニフィアンにおける主体の根本的捕捉と，そうした主体の出現様式に相関している原抑圧（Urverdrängung）との関係（＝「疎外」の演算）を説明するにあたって，ラカンは，「穴」の構造化機能の上にたったトポロジーが必要であることを指摘している（Lacan, 1966; 320）。すなわち，メビウス環，トーラス，クロスキャップといった穴の組織物が，

図 3-2　メビウス環

図 3-3　白隠慧鶴筆『布袋図』(永青所蔵)

我々に想像的な支えを提供してくれることで，我々はその向こうに，純粋な現実が働いていることを知ることができると考えたのである。

　こうしたトポロジーの中でも，ラカンはメビウス環（図 3-2）をその基礎に置き，表と裏が連続した 1 つの面としてある点に主体の意識と無意識，愛と憎しみの関係を見て取るとともに，神経症的トーラス[註3]が解釈という切断によってメビウス環に変換されることを示唆している (Lacan, 2001)。また，ラカンは，主体が要求の次元において対象の回りを巡り，中心の穴に位置する欲望の真の対象を取り逃すことが，メビウス環を含むトポロジーにおける組織物と穴との関係に対応することを指摘してもいる。

　これらの点を踏まえた上で，白隠のもう 1 つの禅画,『布袋図』（図 3-3）を見てみよう。画中の布袋は長い紙を広げており，その紙には「在青州作一領, 布衫重七斤」と書かれている。一見すると何の変哲もない禅画であるが，不思議なことに，「布衫重七斤」の部分の字が上下逆さまに，しかも裏返しに書かれている。どうやら，その部分は，白隠が紙の裏側から書いたものが透けて見えているところであり，そのまま表装したことで，このような状態になったようである。では，なぜ白隠は「布衫重七斤」の字をわざわざ裏側から書く必要があったのであろうか。

　もう一度絵をよく見てみると，布袋は横長の紙を円形に広げているが，その長い紙は途中でひねられている。「在青州作一領」までは表になっているが，「布衫重七斤」の部分は字が裏返っている。こうしたことから，白隠は，紙を一ひねりしたことが意図的であることを示すために,「布衫重七斤」の字

註 3）詳細については，第 2 章を参照のこと。

を裏側から書いたと考えられるが，驚くべきことに，この一ひねりされた紙は，「メビウス環」の形を成しているのである。

　芳澤は，白隠がメビウスに先立つこと約100年前にメビウス環を発見した理由として，メビウス環の特徴がそのまま禅の基本的な認識と同じであったからではないかと推測し，次のように述べている。「私たちの常識では，好き・嫌い，良い・悪い，存在・非存在などという二項対立であるように見える。けれどもそうではなくて，実は全てが同じであって，好き＝嫌い，良い＝悪い，存在＝非存在，煩悩＝菩提だと見るのが，仏教の，禅の見方です」（芳澤，2008; 76）。すなわち，白隠は，この禅画においても，『西国巡礼図』（図3-1）と同様に，有相，無相を超えた実相というものに気づくよう，鑑賞者に促すがために，表も裏もない，表がそのまま裏である形であるメビウス環を描いているのである[註4]。

　このような白隠の姿勢は，まさにラカンが言語的主体と「不可能なもの」との関係をメビウス環という「構造」の中に見て取ろうと試みた姿勢と同じものであると言えるのではないだろうか。ラカンは，『エトルディ』の中で，次のようにも述べている。

　　　構造，それは言語活動の中で明るみに出てくる現実界のことである（Lacan, 2001; 476）。

　　　構造は，言語的な繋がりの中に隠されている非球体的なもののことであり，主体という効果がそれによって把握されるのである（Lacan, 2001; 483）。

（4）「不可能なもの」から主体の再構成へ

　とは言え，白隠の『布袋図』から学び得ることは，このことだけではない。我々が言語的主体であるがゆえに抱える苦悩を，「不可能なもの」との関係を

註4）この点に関して，芳澤は次のように述べている。「白隠が伝えたいのもそのような消息，有相と無相とを超えた実相なのです。そこのところを白隠は『遠羅天釜』で『有ト云ワントスレバ有ニ非ズ，無ト云ワントスレバ無ニ非ズ』（巻之下，四丁）といっています。言葉に表現できない，それでいて自在にはたらいている『人々具足ノ妙法ノ心性』（巻之下，四丁）のありようは，このようなものである，それを見届けよ，と白隠は書いています」（芳澤，2012; 66-67）。

介していかに乗り越えていくことができるのかという問いに対する1つの答えを，この禅画は示しているようにも見えるのである。

　ここで改めて，布袋が持つ紙に書かれた言葉に目を向けてみたい。「在青州作一領，布衫重七斤」とは，中国の宋代に編まれた『碧巌録』（へきがんろく）の中にある「趙州万法帰一」（じょうしゅうばんぼうきいつ）という公案であり，ある修行僧と唐代の名高い禅僧であった趙州との次のようなやり取りを記したものである。すなわち，修行僧が「万法（一切の存在）は一なるものに帰着するというけれども，その一はどこへ行くんですか」と質問すると，趙州が「私は青州で襦袢を一枚作り，重さは七斤である」と答えた，というものである。

　芳澤によると，「万法（一切の存在）は一なるものに帰着するというけれども，その一はどこへ行くのか」と質問していることから，この修行僧が「万法」と「一」とを別のものとして捉えていることが窺われ，これに対して，白隠は「万法」と「一」は別ものであって，しかも別ものでないということ，同じものの違った側面であること，万法即一，一即万法ということを，この禅画を通して言おうとしたのではないかと理解できるという（芳澤，2008；76-77）。

　ここで興味深いことは，白隠が，言語的主体と「不可能なもの」との関係を，メビウス環を通して表現しようと試みるとともに，「有でもない，無でもない，そこのところが，真の法身そのものであるぞ」（芳澤，2016；251）と気づかせるために，「万法」と「一」との関係の再構成を促している点である。さらに，丸められた紙（メビウス環）の穴の中に描かれた3人の童子は衆生の象徴として描かれたもので，布袋と衆生との関係もまた，「万法」と「一」との関係になっているのである（芳澤，2008；77）。では，白隠はなぜこのような対応関係を『布袋図』で表現しようと試みたのであろうか。

　芳澤は，白隠の描いた禅画に登場する布袋は白隠の化身でもあると指摘している（芳澤，2008；81）。この点に依拠するならば，『布袋図』と鑑賞者との関係は，白隠と修行僧（衆生），あるいは，分析家と患者との関係に比することができるだろう。そのように考えてみるとき，この禅画に込められた白隠の真の意図とラカンの次のような言及が密接な関わりを持つものとして浮かび上がってくるように思われるのである。

　ラカンは，分析家が患者の探究の単なる随伴者以上の何かになるためには，「主体の欲望は，本質的に大文字のA，〈他者〉の欲望であり，欲望が位置づけられ，配置され，さらにはそれと同時に理解されることができるのは，根本的な疎外においてであり，そうした疎外は，単に人間と人間の闘いのみな

らず，言語活動との関係にも結びついている」(Lacan, 1991; 318-319) とい
うことを認識していなければならないと述べている[註5]。さらに，ラカンは，
主体（患者）が改めて欲望の主体として存立するためには，分析家は「空」
の座を維持し，その座に，他のすべてのシニフィアンを抹消するためにのみ
あるシニフィアン，Φ（ファルス）を呼び出すことが求められると指摘する
とともに，「主体は，欠如しているシニフィアンをこのΦの座に突き止めるこ
とができるはずであるかぎり，このΦの座を満たす術を知らなくてはならな
い」(Lacan, 1991; 319) と述べている[註6]。

　ここでラカンが述べているΦとは，原抑圧の対象として捉え得るものであ
る (Lacan, 1966; 690, Chemama, Vandermersch, 1993)。この点を踏ま
えるならば，先に確認したように，ラカンが，シニフィアンにおける主体の
根本的捕捉と，そうした主体の出現様式に相関している原抑圧との関係（＝
「疎外」の演算）を説明するにあたって，穴の構造化機能の上にたったメビウ
ス環を必要としたことと，ここでのラカンの指摘が重なり合っていることが
分かる。すなわち，主体が自らを欲望の主体として再構成するためには，分
析家は，メビウス環の穴のような「空」の座を維持し，その座を通して〈他
者〉との繋がりをもたらすΦを呼び出すこと，主体が言語との関係を再構成
できるように促していくことが求められるのである。

　また，ラカンが，上記の点に関連して，「話す主体の世界は人間世界と呼ば
れますが，そこにおいては，あらゆる対象にひとつの共通する特徴を与える
ことは純然たる隠喩的な試みの事象であり，また，諸対象の多様性にひとつ
の共通の特徴を固定することは，純粋な布告の事象です。…（中略）…これ
こそが，『ただ一つの線刻（ein einziger Zug）』の機能です」(Lacan, 1991;
462) と述べていることは興味深い。

　フロイトは，「ただ一つの線刻」の例として，「咳込む」ことで父と同一化
する娘の例を取り上げながら，それが個人と集団との関係が形作られる上で
何ものにも先立つ象徴的同一化を媒介する役割を果たすことを論じているが
(Freud, XIII; 117)，ラカンは，そうした「ただ一つの線刻」において大切
なことが，「一」であるという数学的な性質にあるという点に注目している

註5）ラカンは，人間の欲望が，内部から自然と湧き上がってくるようなものではなく，
　　常に他者からやってきて，いわば外側から人間を捉えるものであることを踏まえ，「人
　　の欲望とは〈他者〉の欲望である」と述べている (Lacan, 1966)。
註6）Φ（ファルス）とは，「大文字の他者の欲望のシニフィアン」(Lacan, 1966)，
　　すなわち，超越的な欲望の存在を指し示すシニフィアンのことである。

(Lacan, 1964; 129-130)。すなわち，主体が〈他者〉の中に組み入れられる＝言語的主体となるということは，自分自身を「一」として数えることであるという点を踏まえて，ラカンは，フロイトの「ただ一つの線刻」の概念を発展させ，集団の「一」と個々の人間の「一」とを繋ぎ，概念としての「一」を主体の存在まで及ぼす通路を「一の線 (trait unaire)」として定義づけるとともに，分析における「空」の場を介して，主体が「一の線」との関係を再構成できるよう促すことの意義を指摘しているのである（新宮，1995; 219-220）。

　しかし，ここで忘れてはならないのは，こうした「空」の場が，先に確認したような自己言及の不完全性が露呈する場としてあり，人間が自己自身を示す言葉を持っていないという「不可能性」に直面し，自らを言語という〈他者〉にとっての欲望の対象として経験することになった場，また，そうした経験をもとに人間が真に「現実的なもの」を掴み取る場でもあるという点である。「一の線」が成立する場＝「空」の場とは，主体が失われた自らの存在根拠を，「不可能なもの」＝現実界との関係をもとに再構成することを可能にする場のことであり，主体における集団と個別との繋がりを位置づけるためには，常に「不可能なもの」としての現実界の問題を考える必要があるのである。

　このように見てみると，白隠がメビウス環を介して主体における「不可能なもの」との関係を浮かび上がらせるとともに，メビウス環の「穴」＝「空」の場で，「万法」と「一」との関係の再構成を促していることは，ラカン派精神分析における，分析家の「空」の座において，集団の「一」と個別の「一」とを繋ぐ「一の線」を呼び出し，主体が〈他者〉の欲望をもとに，自らの欲望を立ち上げる契機を生み出すことと同様の意義を持つものとして理解することができるのではないだろうか[註7]。また，そうであるとするならば，『布袋図』は，布袋が白隠の化身であるという点において，鑑賞者をして白隠との転移関係をもとに，主体の再構成を促す媒体として機能しているとも考えられるのである。

　この時，『布袋図』は，分析家が「空」の座を維持した状態で生み出される臨床描画と同じ意義を持つものとなり，逆に，分析場面で生み出される臨床描画が分析家－患者関係において『布袋図』と同じ構造を呈するとき，そこ

註7）この点に関して，山口は，白隠の禅画に顕現されるような無の芸術，「大静の芸術は，単なる個としての一の芸術ではなく，個すなわち一において無限の一切をみる一即一切の芸術である」と述べている（山口，1996; 118）。

に治療の重要な転機が訪れると言える。白隠自身が，その幼少期に，地獄の業火に対する恐怖に怯える日々を過ごし，その恐怖心を克服すべく発心へと至ったことは，こうした関係性を生む要因のひとつとしてあったのかもしれない[註8]。

（5）１つの「公案」として描画を読むこと

芳澤によると，『布袋図』は，白隠の考案した「両手を打てば音がする。では片手の声はどうか。それを聞いてこい」という「隻手音声」の公案と，メビウス環を構成する点で等しいものとしてあるという（芳澤，2016; 252-253）。このことは，禅画それ自体が，公案としての機能を有していることを意味するだろう[註9]。白隠が『禅関策進』に沿って修禅の方向へ進み，趙州の無字の公案において打破の機会をつかんだことから，自然と「看話禅」に親しみを覚えていたこと，さらには，禅の歴史において，盤珪（盤珪永琢，1622-1693）が公案を用いて疑を起こすということは人為的・造作的・外来的工作であるとして，「看話禅」に対して批判的な立場を取り，「不生禅」を重んじたことは考慮しておく必要があるが（鈴木，1997; 37），鈴木が指摘しているように，「公案の妙は智的分別を刺激して，その作用を究竟のところまで進ましめ，しかる後，これを急転直下，千仞の谷底に突き落とすところにあり」（鈴木，2011; 74-75）とするならば，『布袋図』のような禅画を公案として利用する場合，禅画と鑑賞者が向き合う時間をいかに区切るかが問題となることが分かる。

この点を我々の臨床実践に照らし合わせてみると，臨床描画を公案として

註8）例えば，次のようなエピソードが残されている。8，9歳の時，岩次郎（白隠の幼名）は母と共に風呂に入った。その際に，母が薪をどんどんくべたため，炎が噴き出て，釜がゴウゴウと音を立てた。その音が，まさに地獄の業火を思い起こさせ，あまりの恐ろしさに，岩次郎は大声で泣き出した。家人が集まってきて，なだめすかしてもいっこうに泣き止まなかったという。また，岩次郎は，なぜか数え年の三歳まで立つことができず，幼な心にも恥ずかしく，自ら立つ練習に励むうち，ある日突然に立ち上がり，使用人の一人がそれを見て驚いて叫んだという。（湯原編，2013b; 6-7）なお，筆者は別のところで，禅とラカン派精神分析の接点を再考する目的のもとに，白隠の禅と病理の関係性をラカン派精神分析の観点を用いて検討している（牧瀬，2020; 29-46）。こちらも併せて参照のこと。

註9）古田は，白隠の書画そのものが禅としてある点に関して，次のように述べている。「白隠の書画にみるその芸術は，禅の趣味なり，教養なりによって表現された芸術ではなくて，禅そのものの芸術というべきものがあり，書画を構成する一点一画，あるいは画にみる描かれた線そのものが禅であり，墨そのものが禅であると言わねばならない」（古田，2015; 91）。

読み，その作業の停滞が生じるまさにその瞬間に「区切る」ことが求められると言えるだろう。このような解釈のあり方は，筆者が提案している「描画連想法」とその意義を同じくするものでもある（牧瀬，2015）。主体の思考の停滞の中に「急き立て」を聞き取り，「区切る」ことは，主体と言語との関係を再構成することを促す。この時，分析家は，主体が欲望する主体となるべく，「空」の座を維持していることが求められるのである。

　では，分析家が「空」の座を維持するということは，どのようにして可能になるものなのであろうか。この点に関して，ラカンは分析をブリッジ遊びに準えつつ，次のように述べている。

> 分析のブリッジ対局の逆説は，自己放棄にあります。これによって，分析家は，普通のブリッジで起こることとは逆に，パートナーの手の内にあるものを主体が見出すのを助けねばなりません。この負けるものが勝つというブリッジ遊びを導くためには，分析家は原理上，そのパートナーとの間で生をさらに複雑化しなければならないようではいけません。この理由から，分析家の i(a)（理想自我）は，1人の死者のように振る舞うべきだと言われているのです（Lacan, 1991; 227）。

　すなわち，分析家が主体（患者）を理解すること，主体（患者）が要求することに答える術を知っているとする立場を放棄し，1人の死者として振る舞うこと（＝「空」の座を維持すること）により，主体（患者）は自らの手の内にあるものを見出すこと（＝〈他者〉の欲望をもとに，自らの欲望を立ち上げていくこと）が可能となるのである。それはまた，話すことの中には，言語活動に対して外在する中心があるということ，主体の構造を表現する上で，どうしても「環」のあるトポロジーが必要になるということを主体（患者）が気づけるよう促すことでもある。理解できないものという余白こそが欲望の余白を生じさせることを，我々は臨床の場において描画を用いる際，常に意識しておく必要があり，白隠の禅画もまた，その重要性を示唆しているのである[註10]。

II. 臨床的検討

　ここで，これまで述べてきた点が実際の臨床例とどのように関わり，また，

その臨床的意義を有するものとしてあるかについて，若干の検討を試みたい。

　報告する事例は，友人からのいじめを契機として不登校となり，適応障害の診断を受けた女子中学生（以下，Cl と記す）のものである。2 女の同胞の第 1 子である。発達的な問題は特に認められず，今回のいじめが起こるまではどちらかというと活発な子であったとのことである。不登校になり始めて半年が経過したことから，心配した母親に伴われて筆者が所属する病院を受診した。

　初回セッションにて，自分の中に 6 つの人格が存在し，眼鏡をかけるとその人格が入れ替わるという解離の症状が訴えられ，以降，セッションでは，いじめに関する話，人格変化の話，さらには，「人にはそれぞれ色があり，その色が何色かを見れば，その人が分かる」という「人間と色の話」などが語られた。当初，Cl はそうした話に特別な反応を見せない筆者に対して違和感を覚えているようであったが，次第に，そのような非対照的な関係にあって，自分自身といじめや人格変化などの問題との関係性について語るように変化していった註 11)。

　例えば，Cl は，そのような関係性について次のように語った。「今までは，何とかなるだろうで生きてきた。それが駄目だったのかも。自分について考えたこともなかった。人よりできるんだと思ってしまっていたので。うぬぼれたのが今でてきたのかも」，「知らないことが恐い。暗い所が嫌いだし，見たことがない不思議なものとか。まず恐いから始まる。恐いから，それをいろいろ調べて，こいつの弱点はここだと見つける」，「今回の友達とのこと（いじめのこと）も，いろいろと言われて，それこそ恐いと思ったし，訳が分からないと思った。人を甘く見過ぎた。こういうタイプと決めてしまったのが，間違いだった。マニュアル化して，その子のことを見れなかった。その子よりも，自分の方が上と思っていた」。

　そんなある日，Cl が自分自身の問題と関連して家族の問題について語り始めた。しかし，思うように連想が進まない様子が見受けられたことを受け，「家族画」を施行したところ，Cl は左から順に丸を 4 つ描き，それらを大き

註 10）この点に関して，ブラッシュ Brasch, K. は，次のように述べている。「『無の字』とは無門関第一則にある趙州の無字の公案のことで，それは『狗子に仏性があるかどうか』と問われて『無』と答えた因縁に基く公案である。この無は有に対立する無でなく，『纔かに有無に渉れば喪身失命す』（無門関）という底の無である。禅におけるこの『無』の本質もしくは性格の問題を明らかにしておかなければ，白隠の禅画の意義も正しく把握しえないであろう」（Brasch, 1962; 222）。

註 11）鈴木は，解離の治療においては，治療者が別人格に強い関心を示すほど複雑な経過になることから，別人格をほとんど相手にしないような姿勢が求められると指摘している（鈴木，2012; 935-939）。こうした姿勢は，我々の議論における，分析家が「空」の座を維持することと同様の意義を持つものである。

図 3-4　家族画

な丸で囲った絵（図 3-4）を描いた[註 12]。家族画解釈の法則に従うならば，抽象的に描かれているという点から，家族に対する何らかの葛藤が窺われる絵である（石川，2003）。

　描画後の「この絵を描いてみて，何か思いついたことはありますか」という質問に対して，Cl はうまく言葉にできないものを抱えているかのように沈黙した。しかし，しばらくして，Cl は小さな丸が左から順に，父，母，自分，妹に対応していることを示し，「家族って父が一番上で，妹が下。うちはそういうのがない。皆の意見が採用される。食べたいものでも，焼き肉，寿司とか。平等というか，お互いを譲り合って，歩み寄ろうとなる」と語った。そこで，筆者が，「一番右の丸は他の丸に比べると少し小さいかな？」と問いかけると，Cl は驚きとともに，「本当だ。4 つは繋がっているわけじゃない。繋がっていても，ぴょんとやったら切れそう。4 人いたら，もう少しパワーが強い。大きな丸は，まとまり。1 つのグループ。もっと強い感を出したかった」と語った。ここで，その回のセッションを切り上げた。

　この家族画を用いた描画セッション（それは①描画を「きく」ことを重視し，②構造論的に描画を捉え，③紙の交換の代わりにセッションの切り上げをもって解釈としての「区切り」を導入している点において，家族画を用いた「描画連想法」であったと言える）が，その後の治療の転回点となった。次の回において，一番右の丸が「ぴょんとやったら切れそう」なことを巡って，妹が誕生した際の思い出や，妹が誕生したことで家族の中での自分の立場が大きく変わったことなどが，妹に対する攻撃性とともに語られた。その

註 12）分析の場において，自由連想を促す 1 つの手段として描画を用いることは，子どもの場合のみならず，大人の場合でも有効であると考える（牧瀬，2015）。

後，Cl の中で，妹の存在がいじめの中心人物であった友達の存在と重なり合っていたことが明らかになった。また，妹の誕生以降，常に妹を基準にして物事を決定するようになったことや，これまで母の思い通りの自分を生きてきたことなどが語られた。面接開始から 2 年後，高校受験の際に母がかつて歩んだ道を目指しながらも，最後には異なる道を進むことを自分で選択し，高校に進学。不登校の問題も自ずと解消されるに至ったのである。

　ここで紹介した描画セッションの意義を，これまでの考察内容との比較において浮かびあがらせることができるのではないだろうか。筆者が 1 人の死者として分析の場にあることは，Cl が要求の次元で語り続ける営みに裂け目をもたらすことになった。それは，人格変化や「人間を色で見分けること」を介して想像的に他者との関係を維持しようとする傾向の行き詰まりを導くものでもあったが，そのような流れは，家族画を用いたセッションにおいて転機を迎え，以降，語りの構造が変化したのである。すなわち，「ぴょんとやったら切れそう」な一番右の丸は，妹の存在を示すとともに，「疎外」のもとに失われた Cl 自らの存在を示すものでもあり，Cl の語りは，Cl と言語とのある種の外傷的な出会いの反復を巡って構造化されるように変化したのである。今回の不登校のきっかけとなったいじめという外傷的な体験もまた，そうした反復の中にあったことが，事後的に明らかとなった。

　さらに，かつてそれであったようなものとしての自分を，Cl が筆者の「空」の座を介して垣間見ること，それは〈他者〉の目を介して自分自身を見ること（この時，主体は対象 a としての自分を見ていることになる），あるいは，〈他者〉の欲望をもとに自らの欲望を立ち上げる契機を拓くものであった。この時，「ぴょんとやったら切れそう」な一番右の丸と大きな丸との関係は，個別の「一」と集団の「一」としてあり，この家族画は両者の「一」を繋ぐ「一の線」を浮かび上がらせる媒体として機能したと言える。Cl が高校受験に際して，「母の進んだ道ではない道を進む」という形で自らの進路を選んだことは，このことの表れのひとつであったのである。

　Cl が家族画を描いた際に「4 つは繋がっているわけではない」と語っていたように，個々の主体は言語的な主体であるがゆえに，それぞれ欠如を宿した主体である。だからこそ，人間は「不可能なもの」としての欠如を重ね合わせることで，現実の核心を構成しようと試みるのであろう。Cl が筆者との描画セッションを介して，改めて現実との関係の再構成を成し得たこと，そこに白隠の禅画とラカン派精神分析との接点が見出せるように思われるのである。

III. 意味を越えた次元で，主体が何を欲望しているのかを読む

　以上，白隠による禅画の方法とラカン派精神分析の考え方の接点を検討し，我々の描画を用いた臨床実践に活用し得る方法について考察した。

　その結果，禅，そしてラカン派精神分析の両者において，問題は自己言及の不完全性の中にあって，我々はいかにして自らの存在を支えるものと関係を持つことができるのかという問いとしてあり，また，その問い自体が孕む「不可能性」との関係をもとにした主体の再構成を成し遂げる方法の模索に，その重点を置いていると考えられた。さらに，『布袋図』において白隠がメビウス環を用い，主体と「不可能なもの」との関係を浮かび上がらせようとした姿勢が，まさにラカンが言語的主体と「不可能なもの」との関係をメビウス環という構造の中に見て取ろうとした姿勢と同じものであり，また，両者ともにメビウス環の穴＝「空」の場を介して，集団の「一」と個々の人間の「一」を繋ぐような「一の線」と主体との関係の再構成を促すことに意義を見て取っていることが明らかとなった。そして，臨床例の検討を通して，これらの接点が，我々の描画を用いた臨床実践に転機をもたらすものであることが示唆されたのである。

　このような結果は，我々の描画を用いた臨床実践における「解釈」のあり方を改めて問い直すものでもあろう。そこでは，要求の次元でのやり取りは控え，主体に欲望の次元を拓く場＝「空」の場を創設していく姿勢が求められる。また，その際，描かれたものを意味として見るのではなく，描かれたものの構造に注目し，そうした構造と描く際に語られた言葉がどのように関係しているかを聞き取ることで，意味を超えた次元で主体が何を欲望しているのかを読むことが可能となるのである[註13)]。次章では，こうした問題が日本における描画と文字の関係の中にどのように現れるかについて，描画連想法の事例をもとに考察してみたい。

註13) ラカンは，トポロジーを分析の場で扱うことに関して，次のように述べている。「トポロジーには，隠喩的なところはまったくない。…（中略）…それが隠喩の中に落ち込んでしまわない限りは，分析者のディスクールの道具とでも言うべきものである。…（中略）…私がトポロジーについて語っているあいだ，私が語りかけている分析者に，私が語っていることを理解してもらうために，ずっとそのイメージを抱き続けてもらえるような道具として使ったのである」（Lacan, 2001; 471-472）。

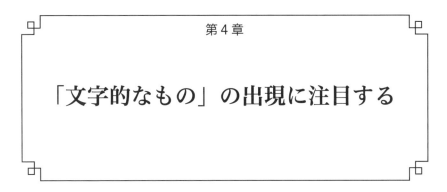

「文字的なもの」の出現に注目する

　ラカンは，日本の文字を例に挙げながら主体と文字との関係について考察する中で，次のように述べている。

> 　中心と不在，知と享楽の間には「波打ち際（littoral）」があり，それが「文字的なもの（littéral）」に旋回するのは，ただそうした旋回があらゆる瞬間に，同じ旋回として，あなたがたによって捉えられることによってだけである。そのことによってだけ，あなたがたはそうした旋回を支えている能動者として自らを保つことができる（Lacan, 2001; 16）。

　我々は，言語を介して自らの存在を位置づけるために，〈他者〉の領野において一つのシニフィアンに同一化し，言語的主体として成立しようとする。しかし，そのことは同時に，自らを捉えようとしつつ，そこから排除されてしまうことを意味する。というのも，シニフィアンは，本質的にそれ自体と異なるものであり，どのような主体もシニフィアンから自らを排除することなしには，シニフィアンに同一化することはできないからである（Lacan,1964）。

　このため，「自分とは何者か」の問いと向き合うことを通して主体の再構成を促す精神分析においては，そのような中心と不在の間，あるいは知と享楽の間の「波打ち際」に打ち寄せられる「文字的なもの」を問題にすることが重要であると，ラカンは指摘していると考えられるが，この指摘をもとに，改めて日本における描画と文字との関係性を問い直すことで，描画を用いた臨床実践に活用できる知見を得られるのではないだろうか。本章では，かつて描画と文字の接点としてあった「葦手」という，失われた仮名文字を導きの糸としながら，この問題について考えてみたい。

I. 日本における描画と文字の関係性──「葦手」に注目して

（1）葦手と大和絵

　現在，仮名文字は「平仮名」と「片仮名」の2種類である。しかし，かつては「葦手」というまた別の仮名文字が存在し（小松，1968; 119-134），それは「絵画の中に文字を隠し，文字の中に絵画を隠した，絵画化された文字」（石川，2016; 54）であった。10世紀の歌人で清少納言の父である清原元輔の歌集『元輔集』の写本（冷泉家時雨亭文庫）は，その一例を伝えるものである。

　一見する限り，水辺の景を描いたもののように思えるこの表紙絵（図4-1）は，『古今和歌集』所収の「鳴き渡る　雁の涙やおちつらむ　もの思ふ宿の萩の上の露」という歌の上の句，「なきわたる　かりのなみだや　おちつらむ」を表している（図4-2）。このうち，葦手は，「な」，「き」，「た」，「る」などの岩や葦，水鳥などを描く線描にまぎれて書かれたものを指し，車輪を描いて「わ」と読ませるものや，文字を複数描いて，その読みと数詞を組み合わせる「なみ」のようなもの，図様で語句の趣意を表す「おちつら」のようなものは，「歌絵」と呼ばれている（玉蟲，2016; 74-80）（両者を合わせて「葦手絵」と呼ぶ場合もある）。

　このような文字と絵画との曖昧な境界を立ち上げ，意味と無意味の間の揺

図 4-1　元輔集　表紙
（冷泉家時雨亭文庫）

図 4-2　元輔集　表紙
（冷泉家時雨亭文庫）

れ動きをもたらす葦手は、「葦」という言葉が示すように、水辺の景と結びつく形で発生し（小松，1968; 127），当初は「産養い」などの慶事を祝う歌に用いられる吉祥文字であったと考えられているが（四辻，1980; 7-18），その意義については諸説があり，未だ明確な答えが出ていない。例えば，石川はこの点に関して，次のように述べている。

> 書道史上は，平安貴族の遊戯・装飾文字として軽視されることが多いが，私には日本の書の本質を暗示しているように思えて興味深い。葦手では，文字＝言葉＝歌は，その文字としての限界を踏み外さないぎりぎりのところで，葦や岩，鳥，水など自然の風物に姿を変えている。人工物として，自然に対してきわだってそびえ立つべき文字，言葉としての意味や音韻や像をのせた文字が，直截に自然の景物に同化し，溶け込み，化けようとしているのだ（石川，1993; 219）。

　葦手はまた，10 世紀初頭の唐の衰退と滅亡を受けて拠り所を失った日本が，独力で自らの文化を創成すべく生み出した仮名文字の一つとして，日本固有の絵画である「大和絵」の生成にも大きな影響を与えたと考えられている註1)。例えば，江上は，同年代の他の遺品と比較しつつ，『麻布山水図』（『墨画山水図』）（正倉院宝物）（図 4-3）の制作年を平安時代の半ばに近い 10 世紀の作ではないかと推測するとともに，絵の中に大和絵固有の表現である葦手の「る」や「ふ」の鳥が認められることを指摘している（江上，2006a; 86-98）。また，その上で，「麻布山水図のような絵が葦手の母体となったというより，装飾字体としての葦手の触発もあり，麻布山水図の如き絵が発展し，葦手的な鳥も取り入れられたのではないかと思われる」と述べている。さらに，ブラッシュは，大和絵において「一番目につくことは早くから非常に巧妙に人物の顔を点と線で象徴的に表現していることである。大和絵や扇面写経に現れている女性のふくよかな下ぶくれの顔に，目は細い線を長めに引き，鼻も同じく細線で小さく鉤状に描いた『引目鉤鼻』の形式はその一例である」と言及しつつ，そうした表現と「葦手」との繋がりを示唆している

註 1) この点に関して，村重は次のように述べている。「かな文字が考案され，和歌が生み出され，我が国に題材を求めた説話，物語が編まれる。そして絵画の世界では，それまでの中国の風物を対象とした『唐絵』ではなく，実際に目にする馴染み深い日本オリジナルの風景，風俗，物語に取材した固有の絵画が誕生する。これが『倭絵（やまと絵）』で，絵の様式もそれらの風物表現に適合した柔和で繊細な描法が，本質的な特色といえる」（村重，2012; 6）。

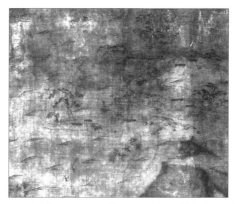

図 4-3　『麻布山水図』（部分，九州国立博物館所蔵）

(Brasch, 1997; 136)。

（2）葦手の意義と主体の「不可能性」を巡る問題

　このように，今はなき葦手は，先人たちが日本独自の文字である仮名文字を用いて自らの文化，ひいては自らの存在を位置づけようと試みていた際に，何らかの役割を担うものであったと予想されるが，それはどのようなものであったのだろうか。また，その時，文字と描画との曖昧な境界を立ち上げ，意味と無意味の間の揺れ動きをもたらすことには，どのような意味があったのであろうか。

　第一の問題に関して，葦手の影響を色濃く残しながら描かれたとされる『平家納経　薬王品』見返し（厳島神社蔵）（図 4-4）を例にとって考えてみよう（小松，1996; 232-236）。1164 年に制作されたとされる『平家納経　薬王品』見返しは，平清盛をはじめとする平家一門がその繁栄を願い，厳島神社に奉納した経典の一つである。その画面左上には阿弥陀如来が，右下には経巻を携えながら祈る女性の姿が，そして両者の間には蓮池が厳かな色彩で描かれている。

　興味深い点は，ここでの葦手の配され方である。阿弥陀如来の白毫^{びゃくごう}から発せられた三条の光明が祈る女性を照らす一方で，両者の間には蓮池という裂け目が存在し，その水辺に浮かび上がる形で葦手が書かれているのである。では，なぜこのような関係性の中に葦手が配される必要があったのであろうか。この疑問は，葦手が水辺の景と結びつく形で発生し，また，『元輔集』の表紙絵に見て取れるように，実際にそのような仕方で書かれていたという，

図 4-4 『平家納経 薬王品』見返し（厳島神社所蔵）

その最も奇異な特徴と関わり合うものである。このため，第一の問題と密接に関連するものであると考えられるが，ここでラカンの考え方を援用することで，新たな観点からその検討を進めることができるのかもしれない。

　冒頭にて引用したラカンの指摘を思い出してみたい。そこでの「知」は言語（シニフィアン）の世界という意味での普遍，「享楽」は個別的な自己の生という意味での個別として理解できるものである。また，前述のような主体とシニフィアンとの根本的な関係性により，「知」と「享楽」の間には決定的な裂け目が存在するため，主体は普遍を通して個別的な自己の生を捉えようとしても，常に捉え損なうことになる。故に，精神分析においては，個別的な自己の生（享楽）を普遍（知）の中で意味づけたいとする主体の欲望が問題となり，その際，主体がその「不可能性」（無意識の核）との関係をどのように再構成していけるかが治療上のポイントとなる。

　こうしたことから，ラカンは知と享楽，普遍と個別の間に存在する裂け目が，想像的な領域で表現されると，陸と水との境界である「波打ち際」として現れ，また，そこに打ち寄せられる「文字的なもの」を浮かび上がらせていくことが，主体とその「不可能性」との関係の再構成において重要であると指摘していると考えられる（Lacan, 2001，新宮，1997a; 67-72）。このようなラカンの指摘をもとに改めて『平家納経 薬王品』見返しを眺めてみるとき，そこに両者の共通性を認めることができるのではないだろうか。すなわち，普遍の位置に阿弥陀如来が，個別の位置に女性が置かれており，男女関係における苦しみの中で個別的な自己の生を普遍としての阿弥陀如来によって位置づけられたいとする女性の欲望が，阿弥陀如来の白毫から発せら

れた三条の光明が女性を照らす形で表現されている[注2]。しかし，両者の間には，極楽世界のイメージを纏いつつも，決定的な裂け目としての水辺（波打ち際）があり，そこに打ち寄せられたかのように「文字的なもの」（鳥や水の形の葦手や，「生」，「此命終」などの生と死の様相を帯びた経句の文字）が書かれているのである（小松，1996; 232-236，江上，2006b; 55-68，松原，2012; 66-73）。

ラカンの指摘と『平家納経　薬王品』見返しがこのような仕方で重なり合うものであるとするならば，葦手とは，歌や経句を絵画化，装飾化して伝えるものであっただけでなく，先人たちが日本独自の文字としての仮名文字を介して自らの存在を位置づけようとした際に，必然的に抱えることになった個別的な自己の生との繋がりの「不可能性」を指し示すものでもあったと考えてみることができるのではないだろうか。そうであるとするならば，葦手が「波打ち際」としての水辺の景と結びつく形で発生し，実際に水辺と関連づけて書かれることになった理由も，この観点から理解できるように思われるのである。知と享楽の間の繋がりの不可能性は，性関係のなさを示すものでもあることから（Lacan, 1975），『平家納経　薬王品』見返しでは，両者が結びついた形で表現されることになったのであろう。

また，玉蟲による次のような言及は，このような考え方をまた別の角度から照らし出すものであるように見える。

　　一般に仮名の発達は，漢字の発音を日本の言葉に当てはめた万葉仮名（＝男手）を始まりとし，平安前半にかけてそれを書き崩すことで男手，草仮名，女手が生まれたと説明させるのが定説である。そして，男手，女手，片仮名と分類される仮名の書体において，葦手は，たいてい，末席に位置づけられる特殊な遊びの書き方とされてきたのだっ

註2）小松によると，当時の女性の男女関係を巡る苦しみと「薬王品」の「即住安楽世界」という部分との関連性が，『今鏡』における次のような記載の中に見て取れるという（小松，1996; 234-235）。「また女有けり。時々通ひける男の，いつしか絶えにければ，心憂くて，心の中に思ひなやみければ，よその見る人も苦しく思けるに，その人，門を過ぐる事ありけるを，家の人，『いまこそ過ぎさせ給へ』といひければ，思ひあまりて，『きと立ちながら入らせ給へ』と追ひつきて，いはせければ，やりかへして入りたるに，もと見しよりもなつかしきさまにて，ことのほかに見えければ，くやしくなりて，とかくいひけれど，女ただ経をのみよみて，返事もせざりける程に，七の巻の『即住安楽世界』といふ所を，くりかへしよむと見けるほどに，やがてただたえ入にたえ入りて，失せにければ，われも寄りて押へ，人呼びて，とかくしけれども，やがて失せにけり」（榊原・藤掛・塚原編，1984; 278）。

た。実証的研究においては確かにそのとおりなのだろう。だが，葦手
の謎めいた存在感は，仮名の成立について，別のストーリーも語りう
ることをほのめかしているのではないか。つまり，生命を育む水や泥
から水生の葦や萩などの植物が生じ，次いでその草叢やそこに生態す
る動物から，仮名の文字が生まれていくという国生みの神話にも似た
物語。これは，日本語表記における文字の始原についての，アニミズ
ム的な観点からの解釈でもある（玉蟲，2016; 88）。

　ここで，葦手が神の別名でもある自然との一体化を目指すようなアニミズ
ムとどのように結びついているかに関する議論は措くとしても，少なくともこ
の言及から，葦手が日本独自の文字としての仮名文字の起源，さらにはそれを
用いることになった先人たちの存在の起源（国生み）についての知り得なさ＝
「不可能性」と関係するものとしてあった可能性を読み取ることができるので
はないだろうか。そうした不可能性を埋め合わせるために，そのアニミズム的
な観点との繋がりが想像されることになったと考えられるのである。
　続いて，第二の問題である，葦手が文字と描画との曖昧な境界を立ち上げ，
意味と無意味の間の揺れ動きをもたらすものとしてある点について検討して
みよう。
　ラカンは，1971 年 4 月，2 度目の訪日を通してさまざまな日本文化に触
れる機会を得たが，その際に経験した書との出会いについて次のように述べ
ている。

　　私を魅了するこれを何と言うべきなのであろうか。美術館全体の壁
　　に掛けられた『掛け物』と呼ばれるものには，中国の文字が書き込
　　まれていて，私はそれを少し知っているだけだが，少しでも知って
　　いれば，くずし字となって省略されていることが推測できる。ここ
　　では，書き手の個別性が普遍を押し潰している（Lacan, 2001; 16）。

　また，ラカンは，日本の書において，書き手の個別性が普遍を押し潰そう
としているその揺らぎ，波打ち際において，主体の「知」と「享楽」の間の
裂け目が生じている点について，次のように述べている。

　　それ以前に存在するあらゆる痕跡の消去，それが「波打ち際」にお
　　いて陸地をなすものである。純粋な litura（消去）とは，文字に関

わるものである。litura（消去）を生産するということは，主体が
それによって存続するところの対をもたぬ半身を再生産することで
ある。書道の功績とはそうしたことである（Lacan, 2001; 16）。

　すなわち，書道では，文字がくずされることによって，その意味が消失す
る恐れがあり，その際，意味を支えている文字の材質性そのものが顕わとな
る。この意味において，書道とは，普遍が個別に押し潰されるか，個別が普
遍に切り捨てられるかの瀬戸際において成り立つ芸術としてあり，また，そ
の瀬戸際としての「波打ち際」において，書は主体の消失を印づけるだけで
なく，対をもたないその半身を再生産するのである。

　さらに，新宮は，ある患者との夢分析の経験をもとに，そうした「知」と
「享楽」の間の「波打ち際」に再生産されるものを失われた生命の姿であると
見て，「我々が生きているという事実は，我々自身には読めない『文字』とし
て，他者に対して示される」と述べるとともに，そうした文字が現れる場を
「文字のトポス」と呼んでいる（新宮，1989; 158-160）。

　前述のように，葦手が，日本独自の文字としての仮名文字を介して先人た
ちが自らの存在を位置づけようとした際に，不可避的に抱えることになった
個別的な自己の生との繋がりの「不可能性」を指し示すもの，また同時に，
失われた自己の生の姿を再生産するものであるとするならば，それは読めな
い文字，あるいは読めるか読めないかの瀬戸際にあるような文字としてある
ことになるのではないだろうか。さらに，そうした文字が他者に対して示さ
れるものであること，すなわち，〈他者〉の欲望をもとに主体の欲望を生み出
す可能性を拓くという点において，葦手は，先人たちの存在を支える役割を
も果たしていたのではないだろうか。このような主体の存在を巡る動きを可
能にする装置として，葦手は文字と描画との曖昧な境界を立ち上げ，意味と
無意味の間の揺れ動きをもたらす文字であったと考えられるのである。

　佐野による次のような葦手に関する言及は，この観点から見ると大変興味い。

　　葦手は文字と絵との曖昧な境界を立ち上げ，読者を翻弄する仕掛け
　　といってよいだろう。文字と絵は反転し，確実なものと不確実なも
　　の，伝達し得るものとできないもの，意味と無意味の揺れ動きのな
　　かで，読者はただひとつの歌（経句）を捜し出す。葦手のつくりだ
　　す曖昧さは，しかし歌絵の解釈可能性を保証してはいないのだ。謎々
　　はただひとつの答えしか許さない。いやむしろこのようにいうべき

か。読者は絵と文字のあやうさ，その不可思議な揺れを楽しむのみ
と（佐野，2000; 88-89）。

（3）葦手と精神分析における解釈との関係性

ところで，このような不可思議な揺れの中に見出される〈他者〉の欲望が，
普遍の場に入るために失われることになった生命との出会い損ねによって浮
かび上がるものであるならば，そこに，分析における「区切り」としての解
釈の問題との繋がりを見て取ることもできるだろう。実際，ラカンは書道に
おける文字の「一」と同じ意味を有するとされるシベリアの大地を流れる水
の流れに関して，次のように述べている。

> 水の流れとは，「一の線」とそれを消去するものの束である。…（中略）
> …流れが主体として形成されるのはそれらの結合によってである
> が，そこに二つの時間が刻印されることも必要である。したがって，
> そこでは消去が際立っていなければならない（Lacan, 2001;16）。

ここで，ラカンが文字の「一」と水の流れ，そして普遍と個別とを繋ぎ，概
念としての「一」を主体の存在まで及ぼす通路としての「一の線」との関連を
指摘している点は，葦手が「水手」（図 4-5，小松，1996; 360）とも呼ばれ
ていたことやこれまでの議論との関連性を思い起こさせるものである[註3]。同
時に，そのような「一」との関係において文字と主体の生成の問題を論じつ
つ，「二つの時間」を考慮する必要性を訴えていることは，そこに「区切り」
としての解釈との繋がりを示唆しているからでもあるだろう。
　ラカンは，主体が自己規定を行う際には，見る時間，理解する時間，結論
を引き出す時間という 3 つの「論理的時間」が必要であり，分析においては
主体の急き立てを聞き取りながら語らいを区切ることでそうした時間を設立

註3）「水手」とは葦手の中でも特に，水辺の描線を巧みに利用しながら，文字様を交え，
　　和歌を詠み込んだものであったとされ，寛和 2 年（986 年）7 月 7 日に開催された瞿
　　麦合にて，皇太后詮子が，次のような歌を書く際に水手を用いたという記録が残され
　　ている。「この州浜の心葉に水手にて　能宣　常夏の花もみぎはに咲きぬれば秋まで
　　色は深くみえけり　織女・彦星雲の上にあり。又，釣りしたる形などあり。州浜の洲
　　崎に，水手にて，能宣。契りけむ心ぞながき織女のきてはうち臥す床夏の花」（「寛和
　　2 年 7 月 7 日皇太后詮子瞿麦合」『平安朝歌合大成』二）（小松，1996; 289）。水手
　　もまた，当時の人々の性関係のなさ，知と享楽の間の繋がりの不可能性を巡る苦悩と
　　密接に結びついていた可能性がここから窺える。

図 4-5　水手の例（久能寺経随喜功徳）

するとともに（Lacan, 1966），失われた対象としての対象 a の動きに注目しながら普遍の「一」と個別の「一」を繋ぐ「一の線」を浮かび上がらせ，主体が〈他者〉の欲望をもとに自らの欲望を立ち上げていくよう促すことが求められると述べている（Lacan, 1975; 47-48）。

　こうした点を踏まえると，意味と無意味との間の揺れ動きの中，失われた生命（＝不可能なもの）との出会い損ねを介して，主体に対して〈他者〉の欲望との関係を新たに拓くものとしてあった葦手，あるいはそれを書くということは，分析における解釈と同じ機能を果たしていたと言えるのではないだろうか。「まさに，書かれたものの中で，望むだけの複数の一をすべての複数の一と見なすということが遂行される限りにおいて，そこから明らかになるいくつもの袋小路が，それ自体で，わたしたちにとっては，存在への可能なひとつの接近路となり，そしてまた，この存在の機能を愛へと可能的に還元するものとなる」（Lacan, 1975; 48）と考えられるのである[註4]。

II.　臨床的検討

　先人たちが日本独自の文字としての仮名文字を用いて自らの存在を位置づけようと試みた結果，不可避的に抱えることとなった苦悩を乗り越える形で生み出された知としての葦手が，その後，そのものとしては失われたものの，描画と文字との接点を成しながらさまざまな日本文化の中で受け継がれてきた点を踏まえるならば[註5]，現在における描画を用いた臨床実践においてもその痕跡を認めることができるのではないだろうか。

　この時，波打ち際に浮かび上がり，意味と無意味の揺れ動きをもたらす葦手が，「産養い」＝出産の際の吉祥文字としてあっただけでなく，仮名文字の起源，さらにはそれを用いることになった先人たちの存在の起源（国生み）

についての知り得なさ＝「不可能性」と関係するものとしてもあったこと，すなわち，誕生を巡る問題と密接に関わるものであった点を改めて思い出しておくことが重要となるだろう。

　ラカンは，「主体は，〈他者〉の領野にシニフィアンが現れるかぎりにおいて生まれるのです。そして，まさにこの事実によって，それは―つまりそれまでは現れるべき主体であるというだけで何者でもなかったそれは―シニフィアンへと凝結するのです」（Lacan, 1964; 181）と述べるとともに，そうした主体とシニフィアンの関係を巡って展開される「疎外の演算」について説明する中で，次のように指摘している。

　　我々が存在を選んだとします。すると主体は消失し，我々から逃れ，
　　無意味の中に落ちます。我々が意味を選んだとします。すると意味
　　は，この無意味の部分によってくり抜かれた姿においてしか存続し
　　えません。はっきり言うと，この無意味の部分こそが主体の実現にあ
　　たって，無意識を構成する当のものなのです（Lacan, 1964; 192）。

　主体の構成において不可欠なものとしてあるこの無意味の部分が，これまで見てきたように，葦手における「不可能性」と重なり合うとするならば，葦手の文化には先人たちが築き上げた「主体の誕生を巡る理論」が含まれていることになり，だからこそ，それを介して人々は〈他者〉の欲望をもとに自らの欲望を立ち上げ，自らの存在を位置づけ直すことができたと考えられ

　註4）ラカンはまた，「一の線」としての文字が，動物を「一」殺したと数える場合に用いる印と同様の意義を持つものであることに触れた上で，次のようにも述べている。「主体もまた一の線によって自らに目印をつけます。まず最初に，主体はシニフィアンの最初のものを刺青のように自身に刻印します。このシニフィアン，この一が設立されたとき，勘定は『ある一つの』一です。主体が自らをそれとして据えるべき水準は，特定の一という水準ではなくて，『ある一つの』一の水準，つまり勘定の水準です。いったいそもそも何によってこの二つの一は区別されるのでしょう。自身にこうして最初の分裂を刻印することによってです。この分裂によって，最初にそれに対して主体として構成されることができた印から主体自身が区別されます。…（中略）…分析実践において，シニフィアンとの関係ではなくて，現実，それも我々を構成していると想定される現実との関係で主体に目印をつけるとすれば，それだけですでに主体の心理学的構成という堕落に舞い戻ることになります」（Lacan, 1964; 129-130）。
　註5）例えば，ブラッシュは，葦手から始まる日本固有の表現方法が，禅における「円相」にも引き継がれている点を指摘している。この点は，禅における無の問題と仮名文字によって開かれる「不可能なもの」の次元との関係性を検討する上で大変興味深い（Brasch, 1997; 136）。

るのである。

　この点を踏まえながら，葦手の文化と現在の描画を用いた臨床実践との接点に関して若干の検討を試みるに当たって，次の子どもとの描画セッションの事例は，大変有用な知見を我々に与えてくれるように思われる。

（1）事例の概要

　報告する事例は，4歳の男児のものである。家族構成は，父，母，長兄（15歳），次兄（12歳），本児の5人である。相談を受けた場は，さまざまな理由により幼児園に入園しなかった子どもたちが通う所（幼児教室）であった。筆者はそこで，子どもたちに心理的な問題が生じた際，援助を行う役割を与えられていた。

　本児は，他児と関わることがほとんどなく，教師の介入により一時的に関われた場合も，その関わり方は一方的なものであった。また，遊び道具にも関心を向けずに一人で何か考えた様子で立ち続けていることがあるなど，対象との関係から回避する傾向も見られた。こうした傾向を心配した教師を介して，筆者に相談があった。母に本児の日常生活の様子を確認したところ，家庭では特に問題なく過ごしており，それまで家庭の中でのみ過ごしてきた本児にとって，幼児教室に通い始めたこと自体が大きな変化であったことが明らかとなった。本児がエディプス期にあることと環境の変化が重なり合うことで，本児に何らかの葛藤が生じた可能性が考えられたことから，描画を用いたセッションを行うことになった。

　本児との描画を用いたセッションは，約半年の間，合計10回行われた。その中で，本児は母との関係性を問い直し，自らを再構成するに至った。その結果，他児との関わりを自発的に行うなど，他者との関係を安定して維持できるようになった。これ以降，特に目立った問題が生じたという話は聞いていない。

　次に示す一連の描画を用いたセッションは，導入部分においてウィニコットの「スクィグル技法」（Winnicott, 1971b）を用いたが，その後子どもが幻想を自由に表現できるようになったのを受け，「描画連想法」へと切り替えて行った。

（2）事例の内容

　幼児教室に通い始めたことで，それまで築いてきた母との関係性を維持できなくなった子どもは，母との関係性を問い直し，自らを再構成する必要が

出てきた。1回目のセッションで明らかとなったこのような子どもの問題は，次第にエディプス的な葛藤と結びついた「子どもはどこから来るのか」の問いに焦点化される形で表現されるようになり，その流れの中で，文字と描画との曖昧な境界を立ち上げ，意味と無意味の間の揺れ動きをもたらすような「文字的なもの」が浮かび上がることになった。ここでは，そうした「文字的なもの」が出現するに至った7回目のセッションと，それをもとに治療の展開が促されたと考えられる8回目のセッションを取り上げたい[註6]。

【7回目のセッション】

［1枚目］

筆者が，「いつものように，これから目をつぶってグルグル描きをするから，それが何かの形に見えたら教えてね」と言い，波状のスクィグルを描いた（図4-6：中央やや上）。すると，子どもは，「お父さんのおでこ」と言いながら，そのスクィグルをおでこの皺に見立てた大きな顔を描き，眼と髪の毛を描き足した。さらに，「これは髭じゃないよ。タコさんだよ」と言い，顔の下側に数本の細い線を描き加えた。そこで，「タコさんなんだ。他にも誰かいるの？」と問いかけ，紙をさっと引き，新しい紙と交換した。

［2枚目］

子どもは，「小っちゃなタコさん，もっと大きくなるよ」と言いながら，タコを描いた（図4-7：左側）。そして，「これは，タコさん○○（本児の名前）」と教えてくれた。次に，その右側により大きなタコを描き，「これは，お母さんタコさん」と教えてくれた。さらに，「お兄ちゃんも学校から帰って来るよ」と言いながら，小さなタコを2つ描いた（右側の2つ。1つは足を付け忘れている）。そこで，「お父さんタコさんは？」と問いかけ，紙をさっと引き，新しい紙と交換した。

［3枚目］

子どもは，「帰ってきたよ」と言いながら，やや大きめのタコを描いた。そして，「でも，卵は生まれていない」と言った。さらに，そのタコの上に，渦巻き状のものを描きながら，「針が刺さって，お母さん熱。死んじゃった」と言った。「死んじゃったの？」と応じると，子どもは，「でも治った」と答え

註6）事例の詳細については，別稿も参照のこと（牧瀬，2015；41-69）。

図4-6　1枚目

図4-7　2枚目

図4-8　3枚目

図4-9　4枚目

た。「針はどんなだったの」と訊くと，子どもは，「こんなのだよ」と言いながら，針を描いた（図4-8：タコの右側）。そして，「ポンポンポンポン」と言い始めた。「ポンポンポンポン？」と訊ねると，子どもは興奮した様子で，「タコがポンポンポンポンって」と教えてくれた。そこで，「ポンポンポンポンって何なのかな？」と問いかけ，紙をさっと引き，新しい紙と交換した。

［4枚目］
　子どもは興奮した様子のままで，渦巻き状のものを描いた（図4-9）。そして，「卵が産まれる前。コロコロ出てきた」と言い，渦巻きの中心から，卵が転がり出てくる様子を描き加えた。続けて，「お母さんが花火みたいにパチパチパチって」と言った。そこで，「その後，どうなったの？」と問いかけ，紙をさっと引き，新しい紙と交換した。

［5枚目］
　子どもは，「妖怪花火。壊れた耳になった。バナナもあるよ」と言いながら，各々を描いた（図4-10：左上の3つのかけらが妖怪花火。左下が壊れ

図 4-10　5枚目　　　　　　　　　図 4-11　6枚目

た耳。中央がバナナ。）そして，「ボカボカボカーン。お父さん，お母さんと
花火している」と言った。そこで，「それからどうなったの？」と問いかけ，
紙をさっと引き，新しい紙と交換した。

［6枚目］
　子どもは，「パパが，ワイワイ言ってる。○○（本児の名前）が卵で生まれ
てきた」と言い，自分の姿を描いた（図 4-11：右下）。続けて，「バナナから
おしっこ」と言い，バナナを描き，そのバナナの先からおしっこが出ている
様子を描いた（中央）。さらに，そのおしっこの先に，文字のようなものを描
いた（左下）。「これは何なのかな？」と訊ねると，「自分の名前」と教えてく
れた。ここで，7回目のセッションを切り上げた。

【8回目のセッション】

［1枚目］
　子どもは，席に着くなり，自分から絵を描き始めた。子どもは，自分で螺
旋状のスクィグルを描いた後，「ウンチがブリブリブリーって出ている」と言
い，なぐり描きをした（図 4-12 中央上部の黒い部分）。そこで，「ウンチが
ブリブリブリー？」と問いかけ，紙をさっと引き，新しい紙と交換した。

［2枚目］
　子どもは，「スイカになった」と答え，スイカを描いた（図 4-13）。そこ
で，「スイカは好きなのかな？」と問いかけ，紙をさっと引き，新しい紙と交
換した。

［3枚目］

　子どもは，「リンゴも大好き」と言いながら，真ん中にリンゴを描いた。続けて，「ミカン，イチゴも好き」と言いながら，各々を描いた（図4-14：右上がミカン。中央上側がイチゴ）。さらに，「もう一つリンゴがある」と言いながら，リンゴをもう一つ描き加えた（左下）。そこで，「リンゴは2つあるんだ？」と問いかけ，紙をさっと引き，新しい紙と交換した。

［4枚目］

　すると，子どもは，「雷さんが『きかないぞー』って言って，落ちてくる」と言い，雷さんが落ちてくる様子を描いた（図4-15：左上が雷さん）。「どこに落ちてくるの？」と訊くと，子どもは，「○○（本児の名前）の家」と答えた。「どんな家なのかな？」と訊ねると，子どもは，「これだよ」と言いながら，1本の折れ曲がった線を描いた。そして，「海だよ。この中に，タコさんがいるんだ」と教えてくれた。そこで，「その後，どうなったの？」と問いかけ，紙をさっと引き，新しい紙と交換した。

図4-12　1枚目

図4-13　2枚目

図4-14　3枚目

図4-15　4枚目

［5枚目］

　子どもは，「雷, バリバリバリ」と言い，雷のようなものを描いた（図4-16: 左上）。そして，「『リンゴがワイワイ言ってる』って，雷さんが言っている」と言いながら，その右側にリンゴを描いた。そこで，「その後，どうなったの？」と問いかけ，紙をさっと引き，新しい紙と交換した。

［6枚目］

　子どもは，「鏡が出てくるんだ」と言い，大きな四角形を描いた（図4-17）。そして，「鏡に○○（本児の名前）が映っているよ」と言った。そこで，子どもと一緒に，描かれた鏡を覗き込みながら，「鏡かぁ。他にも何か映っているのかな？」と問いかけ，紙をさっと引き，新しい紙と交換した。

［7枚目］

　子どもは，渦巻き状のものを描き（図4-18），「卵が，コロコロ転がってくる。『一番だー』って，競争しているよ」と言った。そこで，「その後，どうなったの？」と問いかけ，紙をさっと引き，新しい紙と交換した。

図4-16　5枚目

図4-17　6枚目

図4-18　7枚目

図4-19　8枚目

［8枚目］

子どもは，丸い円を描き（図4-19），「卵から赤ちゃんが生まれてくる」と言った。続けて，「その卵からおしっこが出ているの」と言い，一本の線を描き加えた。その後，おもむろに紙をひっくり返し，「ぐるーっとひっくり返ると，リンゴになるの」と言った。ここで，8回目のセッションを切り上げた。

（3）事例の考察

このような7回目，8回目のセッションにおいて，治療的な展開がもたらされ，結果的に子どもは自らの葛藤をそれまでとは異なる形で表現していくことができるようになった。その際に出現した「文字的なもの」が，タコさんの住む海という水辺に打ち寄せられた文字として，また，意味と無意味の揺れ動きをもたらすものとしてもあったことは，これまでの議論との繋がりを示していると言えるのではないだろうか。

1回目のセッションにおいて明らかとなった子どもの「母との関係性を問い直し，自らを再構成する」という問題は，7回目のセッションにおいて，「子どもはどこから来るのか」の問いを介して自らの起源を問い直す形へと変化した。そして，両親の性交から生み出されることになった卵や赤ん坊などの，子どもにとっての対象aが，「区切り」を介して浮かび上がる中で，「自分の名前」とされる「文字的なもの」が寸断された身体のイメージと共に出現したのである（7回目6枚目；図4-11）。この時，「文字的なもの」は，主体にとっての「一の線」＝無意味のシニフィアンを意味するものであったと考えられるが，そうした「文字的なもの」は，8回目のセッションにおいて，円と1本の線が組み合わさったものとして，波打ち際に打ち寄せては消えることを繰り返しながら，最終的に子どもが文字遊びのような試みを行う対象となった（8回目8枚目；図4-19）。ラカンは，解釈において「必要不可欠なのは，その意味内容ではなく，主体がいったいどんな——無意味で，還元不能で，外傷的な——シニフィアンに，自分が主体として隷属しているかを，意味の向こう側にみることである」（Lacan, 1964; 226）と述べているが，まさに子どもは自らがいかに無意味なシニフィアンに隷属しているかを，ユーモアを交え，「文字的なもの」をひっくり返すことで表現したのであろう。

このように，本事例において「文字的なもの」は，子どもが言語的主体として生成する際に必然的に抱えることになった個別的な自己の生との繋がりの不可能性（自己の起源の知り得なさ）を示すものであったと同時に，その

不可能性のもとに，子どもが母との関係性を問い直し，自らを再構成する契機をもたらすものでもあったと言えるが，この意味において，それはかつての葦手と同様の意義を有するものであったと考えられるのである[註4]。実際，佐野は，子どもの絵描き唄などの文字遊びの中に葦手の名残が見出せると指摘している（佐野，2000; 89）。

　もちろん，本事例における「文字的なもの」は子どもの名前の一部である「ま」との繋がりを示すものであり，厳密に言うならば，それはかつての葦手の「ま」と同じものではない。しかし，前述のような葦手の機能的側面や，それが「産養い」＝出産の際の吉祥文字としてあったことなどに注目するならば，そこに両者の繋がりだけでなく，先人たちと我々に共通するもの，すなわち，日本独自の文字としての仮名文字を用いて主体化を試みる際に，不可避的に生じることとなる苦悩とその克服を巡る知を見出すことができるのではないだろうか。それはまた，「主体の誕生を巡る知」と呼び得るものでもあり，この接点において，葦手という先人たちの文化を我々の描画を用いた臨床実践に活用していく道が拓かれ，また，本章での考察結果を踏まえるならば，臨床描画において，意味を超えた形で「文字的なもの」に注目することの治療的意義を認めることもできるのである[註5]。

III. 「文字的なもの」と先人の知

　以上，日本における描画と文字の関係性を，かつて両者の接点としてあった「葦手」を導きの糸として，ラカン派精神分析の観点を援用しながら考察した。その結果，葦手は，歌や経句を絵画化，装飾化して伝えるものとしてあっただけでなく，先人たちが日本独自の文字としての仮名文字を介して自らの存在を位置づけようとした際に，不可避的に抱えることとなった個別的な生との繋がりの「不可能性」を示すものとしてもあったことが示唆された。

註4）この点に関して，ウィニコットの臨床実践との接合を試みることもできるだろう。ウィニコットは，あるスキゾイド女性との分析例をもとに，失われた対象としての「移行対象」に注目することの臨床的意義，さらには，「リアルなのは，そこにないものだ」と述べつつ，そうした移行対象の有するパラドキシカルな部分を治療の場を通して再構成することの重要性を指摘している（Winnicott, 1971a）。このようなウィニコットの考え方は，ここでの「不可能性」をもとに主体の再構成を促していく在り方と重なり合う部分を有しているように思われる。

註5）ここでは，神経症的主体における描画と文字の関係について考察したが，精神病的主体においてその関係はまた異なるものとしてあるように見える。この点については，第６章を参照のこと。

　また，文字と描画との曖昧な境界，意味と無意味との間の揺れ動きの中，そうした不可能性をもとに，失われた自己の生の姿を再生産し，主体に対して〈他者〉の欲望との関係を拓くものでもあった葦手，あるいはそれを書くということは，分析における解釈と同じ機能を果たすものであり，それが故に，先人たちの存在を支えるものであったと考えられた。

　さらに，このような考察内容が，我々の描画を用いた臨床実践とどのように結びついているかについて，葦手の「主体の誕生を巡る理論」との繋がりを踏まえながら検討した。その結果，文字と描画との曖昧な境界を立ち上げるような「文字的なもの」は，葦手と同様の機能を果たすものとしてあり，そうした葦手の痕跡としての「文字的なもの」に意味を超えた形で注目することによって，主体の再構成を促すことができると考えられた。

　主体と「文字的なもの」との関係を効果的に浮かび上がらせていく際には，「描画連想法」のような主体の語りと描かれたものの両面を区切る方法を用いることが有効であると言えるが，「文字的なもの」を介して先人の知と臨床の知が重なり合う点を踏まえ，改めて先人の言及に目を向けてみるならば，そこにまた異なる臨床的可能性を見出すこともできるだろう。

　例えば，11 世紀の歌人で作庭について該博な知識を有していた橘俊綱は，「葦手様」という庭の作り方について，「山などたかからずして，野筋のする，池のみぎはなどに，石所々たてて，そのわきわきに，こざさ〔小笹〕，やますげ〔山菅〕やうの草うゑて，樹には，梅，柳等のたをやかなる木をこのみうふべし。すべて，このやうは，ひららかなる石を，品文字等にたてわたして，それにとりつきつき，いとたかからず，しげからぬせんざい〔前栽〕どもをうふべきとか」（『前栽秘抄』）と述べている（江上，2006a; 98）。このように，葦手が我々の庭，あるいは風景の作り方にも影響を与えるものでもあったならば，本章での考察結果を箱庭療法や風景構成法の臨床へと活用していくこともできるのかもしれない。

　我々は，臨床描画の実践を深めていく上で，先人たちの知から多くを学ぶことができるのではないだろうか。『平家納経　薬王品』見返し，そして橘俊綱の述べた葦手様の庭を思わせる尾形光琳の『紅白梅図屏風』（MOA 美術館蔵）（図 4-20）が，今もなお我々を惹きつけてやまないものであり，また，その二隻の屏風の間の水辺に浮かぶ図様のずれ（中部，2015; 93）（裂け目）と，波打ち際に配された白梅・紅梅に重ね合わされた「文字的なもの」に光琳が描こうとしたものの本質が隠されているように見えることに思いを馳せるとき，改めてその重要性に気づかされるのである[註6]。

図 4-20　尾形光琳作『紅白梅図屏風』（MOA 美術館所蔵）

　これまで，「描画連想法」について説明するとともに，その実践を通して浮かび上がったさまざまな臨床的問題を検討してきた。そこで明らかになったことを踏まえつつ，臨床の場において描画と夢の繋がりを促していくことは，治療的にとても意義がある。次章では，描画，夢，症状がどのように関係するのかを，ある醜形恐怖症の事例を通して検証する。また，その中で，「紙の導入」（以前の面接で描かれた絵を，治療の流れに合わせて再度取り扱うこと）を介して，描画と夢の繋がりを導くことの有効性を明示したい。「紙の導入」という方法は，第６章で論じる通り，「描画連想法」を精神病の治療に適用する場合に，大変重要な役割を果たすものである。

　註６）石川は，「日本人の美意識の根源，美の原型の片方は，すべて女手の分かち書きからはじまる」と指摘した上で，次のように述べている。「上の句と下の句の位置関係を見てみれば，それはまるで此岸と彼岸のようでもあり，あちらとこちら，つまりは大陸と孤島—左上に中央政権である中国，右下に独立間もない日本，という構図に見えてきます。これは，おそらく無意識ではあるけれども，日本と中国の関係性を象徴する意識が『分かち書き』の中に込められているからに違いありません。そこで前述の《紅白梅図》をめぐる謎の答えです。老白梅が中国で，紅梅の若木が日本の象徴だとすれば，美術史界で言われる論説に，さらにひとつの裏打ちができると思うのですが，いかがでしょうか」（石川，2016; 424）。石川はこのように『紅白梅図屏風』を分析するとともに，それと『平家納経　薬王品』見返しとの構造的な共通性を示唆しているが，前者における中国（左上）と日本（右下），後者における彼岸（左上）と此岸（右下）の関係が，我々の議論における知と享楽の関係と重なり合っている点は大変興味深い。先人たちは，知と享楽の間の繋がりの不可能性を，さまざまな関係に遷移させながら捉えようと試みていたと考えられるのである。

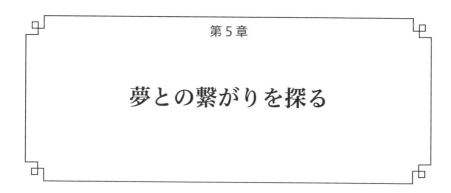

第5章

夢との繋がりを探る

フロイトは，『夢解釈』の中で次のように述べている。

> 夢工作の特性と，精神神経症の症状へと至る心的活動との間の完璧な同一性に接することで，われわれは，ヒステリーがわれわれに強いた結論を，夢にもまた転移させてみることを，妥当であると考えるようになる（Freud, G.W.II/III; 603）。

　夢工作の原理を踏まえ，その工作過程を逆に辿ることで，夢が無意識の欲望をいかにして表現しようと試みていたのかを知ることができる。それは，症状を通して患者が何を欲望しようとしているのかを知ることと同じことである。つまり，症状を理解するためには，夢工作の原理に従い，表面的な病状の背後に隠された無意識の欲望を明らかにしていくことが求められる。
　このような観点に基づいて考えるならば，夢と同様に治療の場の力動に左右され，紡がれる描画もまた症状と等価なものとして捉えることができるだろう。描画を通して，主体は自らの無意識の欲望を歪曲した形で表現していると思われる。では，描画，夢，そして症状はどのような関係性を構築しながら，主体の無意識の欲望を表現しているのであろうか。また，治療の中でそれらの関係性を意識しながら扱うことにどのような有効性が隠されているのであろうか。ラカンが指摘するように，人間の欲望は〈他者〉の欲望であると考えるとき，症状は常に主体の属する社会（言語体系）との関係においてその意義を持つことになる。この点は，描画，夢，症状と主体の関係性を考察していく上で欠かせない視点であろう。
　本章では，ある醜形恐怖症（身体醜形障害）の事例を通して，これらの論点を明らかにしてみたい。また，その際フロイトが『夢解釈』の中で述べた

夢工作の原理の一部を改めてまとめ直し，描画を読み解く新たな方法の糸口
となるものを同時に考えてみたい。

I. 事例の概要

（1）醜形恐怖症に関する先行研究

　醜形恐怖症（dysmorphophobia）は，1886年のモルセリ Morselli, E. の
報告以来，自らの身体の形態に関して，他覚的に認められる以上に，その一
部または全部が醜いあるいは奇異な形をしていると訴える病態として報告さ
れている（石川，1982; 813-818）。昨今では，引きこもりと併発して報告さ
れる機会も多くなっており，その点から現代的な病理を反映するひとつの徴
候として見ることもできるであろう（斎藤，2007）。ある研究によれば，美
容整形の需要増加の背景には，醜形恐怖症の問題が密接に関わっているとも
考えられている（鍋田，1997）。本章で取り上げる事例は，後に述べるよう
に性的外傷体験の象徴化と並行して症状が発現しているが，ひきこもりの問
題とも結びついており，同様の傾向を有しているとも考えられる。

　このような症状の治療に関しては，重症対人恐怖症や思春期妄想症の範囲
で捉える立場（村上・舟橋・鈴木，1993; 1028-1037）や，強迫神経症との関
係から「本当の自分が見えてしまう苦悩」として捉える立場（鍋田，1997），
さらには分離個体化過程の発達上の問題として精神分析的な観点から捉える
立場（手塚・吉野，1993; 172-179）など，各々の立場から研究が進んでい
る。描画を用いた治療法としては，鏡を見ながら自画像を描き，「見られる
自己」と「見る自己」の調和を進める研究（平林・飯森ほか，1996; 34-43）
や，オートポイエーシス理論を援用し，描画を用いて患者自身の身体をドラ
マ化していく方法などの研究（花村，2001; 80-86）が報告されている。い
ずれの研究も，歪んだ身体イメージを修正・変動させていく試みとしては興
味深い。しかし，後に考察するように，身体は言語との関係においてはじめ
てその支えを得るものであり，常に両者の関係を意識しながら治療を進めて
いくことにこそ意義があると思われる。そこで，ここでは先行研究を踏まえ
つつ，そうした観点から考察を進めていきたい。

（2）事例の概要

　報告する事例は，大学を中退し，その後はあまり外出をせず自宅に引きこ
もり続けていた21歳男性（以下，Cl と記す）のものである。主訴が外出を

することへの恐怖や将来に対する不安であったことから，全般性不安障害と診断された。筆者との初回面接から，鼻に違和感があるという訴えが報告されており，醜形恐怖症の問題も同時に見られた。

　3人同胞の末っ子として生まれた。父は会社員，母は Cl が幼い頃から家事とパートを両立。抑うつ傾向が見られ，心療内科にて治療を受けていた。父は，ギャンブル，酒を好み，ときには母を殴ることもあった。Cl は，両親の不仲をいつも気にしながら育った。長女は会社員，次女はすでに結婚し，家を出ていた。2人の姉は全てのことに如才なく，Cl はよくそんな姉たちと比較され，嫉妬心ややるせなさを常に感じていた。

　小学校，中学校，ともに成績は良かったが，中学3年生のとき友人から性的な暴行を受けたのを契機にして，「死にたい」と考え始め，その後はいつも漠然とした不安を抱えながら生活するようになった。両親に勧められ，仕方なく大学に進んだが，なぜ通わなくてはならないのかが分からなくなり，中退した。常に，両親の言うことを聞き，自分の道を選んできたため，自分が何をしたいのか全く分からなかったという。

　大学を中退後，自分の夢を成し遂げるために上京したが，すぐに体調を崩し帰宅した。その際，全く食事がのどを通らず，「本当に死ぬのではないか」という不安に襲われた。その後，3カ月間自宅に引きこもる。その間，将来への不安から何度か死のうと試みている。外出時は，他者の視線が気になって仕方がなく，極度の発汗が見られた。状況を心配した両親の勧めもあり，筆者の属する病院に来院。上京前，鼻に対する違和感から，一度鼻の形成外科手術を受けている。

　予備面接の後，薬物療法と週1日の面接を行うことが決定した。面接は，精神分析的な観点を用いた形で行われ，自由連想法をもとに進められた。初めの頃は，筆者の顔色を窺いながら自分の話を進めていく様子が見られたが，症状の改善とともに次第に主体的に語れるようになっていった。また，面接の内容は，鼻の違和感をもとにした語らいにより紡がれた。形成外科の医師に対する反発，攻撃性，鼻が他者にどのように見られているのか，そして父との関係性など，常に鼻を中心に語らいが構築されていった。それらの要素はまた，筆者との転移関係においても再現されていた。つまり，鼻が Cl を取り巻く世界を構築するある種の道しるべのようなものとなっていたのである。

II. 事例の考察

（1）描画・夢・症状の関係性

　鼻に漠然とした違和感を持ち始めたのは，大学中退後，自分の夢を叶える
べく上京を決意したときからであった。形成外科手術を受けようと思い立っ
たきっかけは，俳優を目指すからという現実的な理由もあったが，「自分の決
意の程を家族に見せつけたい」（鉤括弧内は Cl の語り。以下，同様）という
想いが強かったからでもあった。今までの自分を変えたいという気持ちが大
きかったようである。形成外科の医師は，特に Cl の鼻が醜いと判断できな
かったため，手術には賛成せず，思い留まるように勧めたという。しかし，
最終的には本人の意思を尊重し，簡単な手術を行った（筆者との面接が進む
中で再度手術を行い元に戻すことになったが，ほとんど変化は見られなかっ
た。筆者の印象では，Cl の顔は整っており，手術の必要は全く認められなか
った。この点は，醜形恐怖症に見られる典型的な特徴を示していると言える
（鍋田，1997））。

　手術後に上京したが，体調を崩しすぐに帰宅。その後，鼻に断続的な違和
感を抱くようになり，常に鼻のことが気になり何もできなくなった。外出時
は，誰かが自分の鼻を見ているのではと不安になり，過呼吸などの不安発作
を起こすときもあった。また，家に一人でいるときも，鼻を見られるのでは
ないかという不安があり，落ち着かなかった。具体的にどのような違和感を
抱くのかという点に関して，Cl は「張ってきている」のではと心配になると
話していた。つまり，鼻の形そのものよりも，次第に「張ってきている」状
態を他者に見られることに不安を感じていたのである。Cl は，「このような
鼻の張りがあるから，就職することができない」と話していた。さらに，「こ
のような鼻にした形成外科の医師が許せない。新たに訪れた病院の形成外科
の医師が，鼻がおかしいことを分かってくれない」と繰り返し主張していた。
形成外科の医師の話題は，しばしば父や姉の話と結びついて語られた。

　このような状況を踏まえ，Cl に 1 枚の「人物画」（図5-1）を描いてもら
った。並行して，Cl は自発的に次のような夢を語った。

【夢】

　鏡に映る自分の顔（鼻）を見ていたら，次第に崩れていく。母と姉がそれ
をネタにして，近所の人とこそこそ話している。そこに，父が急に帰ってく

図5-1　人物画

る。「何かあったのか」と聞かれる前に，自分の部屋の窓から外に飛び降りようとした。

　この夢からの連想として，まず「起きたとき汗がひどかった，見たくなかった」と語られた。「汗がひどい」ことは，外出時に鼻を見られる不安によって引き起こされる症状のひとつである。次に，「中学時代に友人から性的な暴行を受けたときと夢の中の状況が似ている」と語られた。先の生育歴の部分でも触れたが，この事件以来，Cl は「死にたい」と考え始め，漠然とした不安を常に抱くことになった。「相手が親友であったこと，家族がこの一件が起こったことに全く気付いてくれなかったこと，特に後者がショックだった」と語られた。続いて，父とのことが語られた。「夢の中の父は全く頼れない感じだった。日頃の父の姿そのものだ。他人の話を聞かず，自分の話だけをする。父はいつも話し始めるとき，鼻で笑う。自分の間違いを認めようとはしない。意味が分からない。自分のことをいろいろと話し過ぎた。両性を好きになれることなど。これからずっとそういう目で見てくるのではないか。自分も昔から演じきっていたところがある。夢の中では，知られたことで，死んでしまおうとしている」。

　「両性を好きになれる」という点は，この夢が報告される以前に語られていた。しかし，それは性的行為に結びつこうとすると，極度の嫌悪感を引き起こすものであり，同性愛的傾向は見られるものの，性倒錯と言い切れるほどではなかった。また，面接開始の数週間前に，中学のときと同じように，親友から襲われるという出来事があった。つまり，Cl は同じ状況を反復してい

たのである。先の連想によると，その反復は父との関係に結びついていることが分かる。

　父は「話し始めるとき，鼻で笑う」という部分に見られた，「鼻で笑う」という表現は，Cl が父との関係を話す際によく用いられる言い回しであった。『広辞苑』によると，「鼻で笑う」は相手を見下して，冷淡にあざけり笑うという意味である。「父は自分のことを鼻で笑う，全く相手にしてくれない，ちゃんと話を聞いてくれない」。ここに，エディプス的な問題に介入しきれない父の姿を見出すこともできるだろう。暴力的だが，息子との関係構築において必要な問題を直視することを避ける父の姿がさまざまな連想において語られた。それはまた，父自身のエディプス的葛藤の表れでもあった。父は幼くして両親を亡くし，父の兄が親がわりに父の面倒を見ていたという。

　他方，「鼻で笑う」はまさに症状との関係性を暗示している。夢の中の鏡に映る自分の鼻が次第に崩れていく表象は，夢工作の原理「呈示可能性への顧慮」に従うと，「鼻で笑う」というシニフィアンの視覚化として表現されていることが分かる。描画では鼻の位置が大きく右にずれている形で表されているが，これは同様のものを示していると見てもよいだろう[註1]。「鼻で笑う」のは父であり，父は Cl の「鼻で」笑う。また，Cl は，父のことを「鼻で笑いたい」。そこには，父に対する攻撃性が隠されている。症状もまた，確かに他者から「鼻で」笑われることを恐れる形で現れているが，その背景には父に対する攻撃性という無意識の欲望の満足が隠されているのである。

　次に，「母と姉がそれをネタにして，近所の人とこそこそ話している」の部分はどのように解釈できるのであろうか。この部分に関して，Cl は次のような連想を語った。「母や姉は，自分の携帯をいつの間にか盗み見ようとする，いじろうとしていた」。携帯電話は複雑な機械であり，夢の象徴に従えば，男性性器を表わす（Freud, G.W. II/III; 361）。つまり，「ネタ」は性器をいじることと結びついていることが窺われる。Cl がこの夢の連想において中学時代の性的外傷体験について語っていた点を踏まえるならば，「ネタ」とはそのときの状況を指し示すものでもあることが分かる。Cl が述べるように，現実的には性的外傷体験が起きたとき，家族はそのことに全く気づいてくれなかった。しかし，夢の中では家族が気づき，Cl にとってその体験がどのようなものであったかを語ろうとしてくれている。また，「携帯電話をいじる」という連想からは，性的外傷体験を母や姉との関係に結びつけて理解しようとし

註1）新宮は描画と夢を比較して考察する中で，描画がその背後から聴覚的−言語的規定を受けている可能性を指摘している（新宮，2007; 46-55）。

ている傾向が読み取れる。

　「携帯電話（性器）をいじる」姉は，かつて Cl を誘惑しようとした姉を表わすのかもしれない。というのも，子どもの頃は，一人だけ男の子だったこともあり，姉によく容姿などをからかわれたという。Cl は「姉は常に自分よりもうまくやっており，嫉妬心を感じる対象でもあった」と語っていた。父は姉と Cl をよく比較し，Cl が劣っている点を叱咤した。また，姉は母と女同士で集まっていることが多く，小さい頃から Cl はどことなく男であることによって生じる疎外感を感じていた。「姉と母の 3 人で色んなことを話していた。自分だけ男なので，『あの子大丈夫』と」。姉に対する両価的な連想がよく語られたが，そこには姉への憧れと嫉妬の両面が含まれていたと考えられる。

　ところで，描画における男性か女性か判別しがたい姿は，何を意味しているのであろうか。フロイトは，夢の中の人物像を分析する際，表面的に現れている関係性は何か別の関係性を抑圧したため結果的に生じてきたものであり，その点を注意して分析する必要があると述べ，次のようなひとつの例をあげている。「Aは自分に敵意を持っているが，しかしBもそうだ」と言う代わりに，夢はAとBとを合わせて，一人の混成人物を作り上げる。あるいはBの特徴であるような行動をとるAの姿を描き出す。つまり，混成人物を作り上げることで，夢は検閲をすり抜けて敵意というひとつの関係性を表現できることになる（Freud, G.W. II/III; 326）。この点を踏まえるのであれば，まさに描画においても姉と自分の混成人物を作り上げ，姉に対するあこがれと嫉妬を表現することを試みていると考えることもできるだろう。

　フロイトはまた，夢における混成（縮合）の別の方法についても述べている。A，B，Cの要素が混成されたものを仮にDとする。この場合，夢に現れるのはDという表象のみである。混成の方法を逆に読み解きDを詳細に分析すると，AとBに共通する関係性が実はCにも存在するということが分かる。つまり，A，B，Cの混成物Dを作ることにより，夢はCという要素と結びつく無意識の欲望を，検閲をすり抜けて表象できる。では，我々が扱っている描画においてはどのようにこの方法が用いられているのであろうか。この点は，夢と結びつけて考えることで自ずと明らかになるだろう。

　夢では，場面の転換により，姉や母→ Cl の関係が父→ Cl の関係へと移行している。この移行は，姉との関係が，次第に父との関係に移行していったことを意味しているのではないだろうか。Cl とともに男である父は，ギャンブルなどにより家を留守にすることが多かったようであるが，Cl の唯一の仲間でもあった。夢の中で，帰ってくる父は，このような関係を暗示するもの

でもある。「何かあったのか」という会話からの連想は、「現実において父が
よく言う言葉である」というものであった。「この言葉を聞くと、何か訳の分
からないことを言われるのではないかと恐くなった」という。「叱られるので
はないかと不安になり、そうなる前に部屋に引き上げることもあった」。夢の
中でも、この言葉を聞き、窓から逃げ出そうとしている。しかし、さまざま
な連想において、「父から逃げ出したい」という訴えには、父から愛されたい
という欲望が隠されていることが垣間見られていた。また、「叱られるのが恐
い」と言いながら、わざと叱られるように仕向ける傾向も窺われた。これら
の点を踏まえるならば、夢の中で父から逃げ出そうとしている部分には、父
から受動的な形で愛されたいという欲望を認めることができるのではないだ
ろうか。フロイトもまた、夢の中に現れる「逆転」について論じる中で、抑
圧された同性愛的衝動に基づく夢において、「逆転」の関係が頻繁に用いられ
る点を指摘している（Freud, G.W. II/III; 332）。つまり、愛されたい→逃げ
出すという逆転が夢の中で生じていたのである。それは、かつて姉との間に
構築された関係と結びついたものでもあったのであろう。描画ではこのよう
な隠された関係性が混成人物像として表現されている。Ａとしての自分、Ｂ
としての姉、そしてＣとしての父を描画において混成することで、Cl は父と
の隠された関係性を抑圧して表現できていたのである。

　実際、この夢が報告された後、治療が進む中で、子どもの頃の父との記憶
が想起された。それは、風呂場で父が Cl の性器を笑いながら触ってくると
いうものであった。「最初はただのスキンシップだと思っていたが、『ちゃん
と体の洗い方が分かるか』と言って、触ってきた。ある時、『本当は一緒に入
りたくない』と言おうとしたが、言えなかった」、「でも、父と一緒に風呂に
行くのは、父との唯一のコミュニケーションでもあった」。この語りを踏まえ
るならば、夢の中で逃げ出そうとしている家は風呂場の遷移された表象であ
り、まさに性器を触ってくる父との関係の葛藤を表すものであったことが分
かる。しかし、それだけではない。現実世界において、友人との間で反復し
ていた性的暴行もまたこのような父との関係を反復していた点を鑑みるなら
ば、夢の中で鼻が次第に崩れていき、それに対して母や姉がこそこそ話して
いる場面は、先に述べたようにまさに性的暴行を受けた場面の遷移されたも
のであり、「何かあったのか」と語りかけてくる父は、Cl のそのような状況
の象徴化を促す役割を担う存在をも表しているのである。事実、友人から受
けた性的暴行と父との風呂場でのやり取りは似た状況にあった。

　さらに、この風呂場での記憶は面接場面に遷移されていた。この時期の面

接において，Cl は大きなタオルを持ちながら「暑いので服を脱いでもいいですか」と質問し，上着を脱いでから語り始めていたのである。描画自体もまたこのような関係性を反復する役割を担っていたのであろう。Cl が描画を描き，筆者に見せようとするとき，筆者は Cl の性器を笑いながら触る父の位置に置かれる。そのとき描画は全体として Cl の性器であり，Cl の無意識の欲望を体現する場を構築する媒体として機能しているのである。

　以上を踏まえると，先に論じた「鼻で笑う」がまた違った意味を有していたことに気づかされる。ここにも，「逆転」が生じている。鼻と性器が上下を逆にした形で表現されていたのである。また，Cl は，形成外科の医師と父を同じ関係性の中で語っていたが，形成外科の医師に手術される，触診されることは，父に受動的に愛されることを含意していた可能性が考えられる。

　「鼻で笑う」は，この夢において，夢の潜在的な夢内容がさまざまな形で結びつく，結節点のような役割を果たしている。だからこそ，フロイトが「言葉というものは多層的な諸表象の結び目として，それ自体がいわば宿命的な多義性である。神経症（強迫表象，恐怖症）は，縮合と偽装にかくも有利に働く言葉というものの利点を，夢に劣らず臆することなく活用する」（Freud, G.W. II/III; 346）と述べているように，鼻を主とする醜形恐怖症の症状が生じたのであろう。父に愛されたいという受動的な態度，つまり Cl の最終的な性目標が抑圧され，その代わりに，父親に対する不安が，鼻を主とする醜形恐怖症として現れてきたのである。そして，このように考えたとき，「人物画」の顔には，Cl と父との関係性の葛藤が表現されていたことが分かる。それはまた，性的暴行を受けた状況とも重なるものであった。「人物画」の顔は，Cl と父の隠された関係性を縮合した形で表現し，同時に性的外傷体験の象徴化を促す場となっていたのである。

　ところで，フロイトは，夢における混成（縮合）の方法として，先の2つ以外に，次のような方法もあげている。

　　　混成人物の形成が失敗に終わることもある。そうした場合には，夢の場面は一方の人物に任せられ，もう一方の人物──決まってそちらのほうが重要なのだが──は，傍観者的な脇役として姿を見せている（Freud, G.W. II/III ; 326）。

　この場合は，縮合のみならず遷移の夢工作が利用されている。描画を介して，Cl と筆者が関係性を持つとき，フロイトが述べたこの方法が，描画が描

かれる場において存分に利用されていると見ることもできるだろう。また，表面的には二者以上の人物が描かれ，それらの間にある関係性が表現されている場合でも，それはまた異なる関係性を抑圧した結果現れてきたものであるという観点を常に持っている必要がある[註2]。

　これまで述べてきたような観点から描画の解釈を行うためには，夢を解釈する場合と同様に，表象されたものを表面的に捉えるのではなく，表象されたものが「無意識の欲望」と結びついた「表象されなかった関係性」を隠すために作られたものであるとする視点の獲得が求められる。表象されたものは抑圧された関係性を引き出す要素としてあるのであり，そのもの自体に意味を求めようとするとその重要性を取り逃がしてしまうことになる。表象されたものは形を変え，視点を変えながらある関係性を反復しているのである（牧瀬, 2008）。このような解釈が行われるとき，描画が描かれる面接における語りの構造（描画に関する注釈や意見を含む[註3]），描画の全体的な構造，描画の細部の構造が入れ子構造のように反復しながら，主体の抑圧された無意識の欲望を表現しようとしていることに気づくことができる。通時的な平面，共時的な平面双方において，同じ構造が反復されているのである。

（2）ファルスの交換体系と描画

　以上のように，Cl は父との関係において鼻＝性器＝ファルス＝自分を位置づけようと試みていたが，それはまた中学時代に経験した性的外傷体験を再構成する試みでもあった。このことを示すかのように，後に Cl は「叔父が性器を触ってきた。それは，家系の中で自分が唯一の男であるということと関係しているかもしれない」と語った。また，父との風呂場での体験を語る中で，「父の兄も父と一緒に自分のことを汚らわしい，気持ち悪いと言ってくる」と語った。現実的に Cl は家族の中での唯一の男であるだけでなく，家系のなかでも家を引き継いでいく役目を担わされる位置にあった。一方で，Cl

---

註2）家族画等の解釈においても，この点をもう一度省みる必要があるのではないだろうか。描画法の発展は，自我に重きを置く精神分析の発展とともに進んできた。このような歴史的経緯を改めて捉え直す必要が考えられる。

註3）例えば，フロイトは次のように述べている。「夢に関する注釈，つまり夢に対する一見他意のない意見は，夢見られたことの一部を巧妙な仕方で覆い隠すのにしばしば役立つのであるが，一方では，そうした注釈や意見が，むしろその一部を洩らしてしまうことにもなる」（Freud, G. W. II/III ; 337-338）。例えば，「ここで夢が拭き去られています」という表現は，ある人が排便後に尻を拭いている様子をひそかにうかがっていた幼児期の記憶の名残を意味するものとして，フロイトは指摘している。

はこのことに対立するかのように「自分の名は母方から受け継いでいる。母は三という部分が気に入って，自分の名前を付けたらしい」と語っていた。Cl の名にはウ冠の中に三という形が入った文字が含まれていた。この事実に Cl は母と自分の関係を結びつけていたのである。フロイトが指摘しているように，「三」とはファルスの象徴であり（Freud, G.W. II/III; 363），それがウ冠である家の中に入っているということは，「自分は母のファルス（欲望の対象）である」ということを意味している。

　この点を踏まえるのであれば，Cl にとって鼻＝性器＝ファルスを触ってくる，見てくる，非難してくることは，「自分は母のファルスである」という状態にしがみつこうとする Cl に去勢を迫り，父方のファルスを受け取って「ファルスを持つ」者として生きていくことを促すものでもあったことが分かる。換言すれば，Cl が「父は小さい頃から全く自分のことを認めてくれなかった。一言でいいから『あれがんばったな』と褒めて欲しかった。もしそうだったら変わっていたと思う。でも，父には期待できなかった。それなら自分でやるしかないと思ってきた」と語るように，父が去勢者として十分に機能できなかった面を自分で想像的に補おうとしたイメージが，父との風呂場でのやり取りから始まる，鼻を巡る一連の幻想だったのである。また，このような形で父との関係を再構成していく中で，結果的に Cl は外傷体験をも再構成していくことができたのではないだろうか。この点に関して，ラカンは「ファルスであるのか，ないのか」という問いから「ファルスを持つのか，持たないのか」という問いへの移行に際して，エディプスの結節点があると指摘している。その結節点をいかに乗り越えるかが，その後の主体の構造を決定することになる（Lacan, 1998; 185-186）。

　このように考えたとき，描画は，主体がファルスの交換体系を巡りいかに自らを位置づけるかという問題を再構成する場であると考えることができる[註4]。主体がどのように社会（言語体系）へと接続されているのかを描画はまざまざと示し，主体に問題を語りかけるのである。

（3）1枚の描画を治療の中で反復して用いること

　描かれた1枚の「人物画」が，面接の中で何度も繰り返し取り上げられた

註4）ファルスの交換体系とは，主体と〈他者〉との関係を示している。〈他者〉とは，主体に関して現前しうるほどの事柄を何から何まで支配しているシニフィアンの連鎖が位置する場のことであり，主体は，そのような〈他者〉の領野にシニフィアンが現れる限りにおいて生まれると考えられる（Lacan, 1964）。

点について触れておきたい。この点は，本事例の特徴のひとつでもある。一般的に，治療の中で描画を扱う場合，そのときどきの変化を踏まえ，Cl に新たな描画を描いてもらい，必要に応じて解釈を行うという形式が取られるであろう。筆者もまた Cl との面接を開始した当初は，そのような考えを持っていた。しかし，ある面接を境にそのような考えを変えるようになっていった。

　ある面接時，Cl は鼻の問題を語る中で，「そう言えば，あの絵はまだありますか。何となく気になったもので」と言い，以前描いた描画について尋ねることがあった。そこで，筆者は描画をカルテから取り出し，Cl に見せた。一見すると自然な流れで生じた行為であったが，このような行為は自由連想法の流れの中で生じたものでもあった。つまり，この行為自体が父と Cl との関係性の筆者への転移，もしくは行動化でもあったのである。Cl は筆者が出した描画を見て，特にその内容に対して語ることはなかったが，ほっとした表情と同時に困惑した表情を見せた。筆者が「今何か考えましたか」と問いかけたところ，先に述べた風呂場での父との思い出，それに結びつく幼少期における父との思い出が語られたのである。それは治療の新たな展開を示す語りでもあった。

　また，面接が進む中で，しばしば筆者自身，Cl の語りにおいて何が現実で何が夢（幻想）なのかに戸惑うことがあった。それは Cl が感じる世界観でもあったのかもしれない。そんなとき，この 1 枚の描画を取り出し，描画をもとに Cl の語りと症状を結びつけることで，ある種の道標を得ることができた。このとき，描画は現実と夢（幻想）の結び目として機能し，二者関係を支える役割を果たしていたのである。つまり，治療の中で 1 枚の描画を何度も反復して用いることで，その 1 枚の描画は描画自体が持っている意味を越え，あるときは Cl と筆者という二者関係を支える第三項として機能し，まあるときはかつての Cl 自身を示すものとして存在していたのである。そして，このような形で描画を扱うことで，先に述べてきたように「縮合」されていたものが次第に明らかになり，その隠された関係性を顕にしていくことができた。描画は，表層自体の不変性にもかかわらず，面接の流れの中でCl にとっては全く異なる意味を持つものへと変化し続けていったのである。

　最終的に，Cl は約 2 年間の面接期間中に鼻を元に戻す手術を行い，鼻との関係とは異なる形で父との関係性を樹立し，社会の中での主体の再構成を試みていった。このとき，この 1 枚の描画は Cl の症状を表すものであると同時に，ファルスの交換を巡る主体の問題の象徴化を促す媒体としても機能し続けたのである。

III. 描画を治療に導入することの意義

　以上，ある醜形恐怖症の事例を通して，描画，夢，症状の関係性を考察し，同時にそれらの関係性を意識しながら治療を進めていく意義を明らかにした。

　描画を治療に導入する中で，夢分析を並行して行うことは，描画自体の持つ表層的な意味に囚われることなく，Cl が無意識において何を欲望しようとしているのかを知る上で有効な手段である。表象されたものは，「無意識の欲望」と結びついた「表象されなかった関係性」を隠すために作られたものであり，その点を注意しながら描画を解釈していくためには，主体の語りに注目する必要がある。夢を用いることで，そのような語りに厚みをもたらすことができるだろう。

　また，このような観点で治療を進めていくことで，描画が描かれる面接において現れるさまざまな関係性の構造全てが入れ子構造（同じものが階層化された構造）のように反復しながら，主体の抑圧された無意識の欲望を表現する場として構築されていることに気づくことができる。描画という媒体が，Cl と治療者間のさまざまな力動の中で，その役割を変化させつつ隠された関係性を象徴化するために機能し続けるのである。このとき，描画は Cl と社会（＝言語）がいかなる接点を持つのかをも指し示す可能性がある註5）。さらに，夢とは異なり，描画が「もの」として存在していることは，このような関係性を構築していく上で意義のある点でもあろう。特に，本事例のように身体の次元を扱う際，描画の有する「もの」という性質が問題となるのである註6）。

　この点に結びつく形で，Cl 自らがもう一度既に描いた描画を見せることを求めた意義，またそのことから結果的に描画を反復して治療の場で扱うことになった意義は大きかった。しかし，1 枚の描画を治療の中で反復して用いること＝「紙を導入する」ことにどのような意味があるかについては，もう少し踏み込んで議論する必要があるように思われる。次章では，精神病の治療において描画連想法を用いる方法を明らかにするとともに，この問題について検討してみたい。

註5）詳細については，第7章を参照のこと。
註6）詳細については，第6章を参照のこと。

第6章

精神病に対するアプローチ

紙を導入する

言語の混乱が幅を利かせ，さまざまな命令が互いに食い違い，普遍の作品がきれぎれに引き裂かれてしまおうとする時に，言語活動の循環周期が，干渉と拍動を生命体の上に収斂させ，その干渉と拍動の中で，欲望が生命体の取り分を留保してやるのでなかったら，この隷属と光輝のただ中で，生命体は破滅してしまいそうである。しかしまさにこの欲望が，人間の中で充たされようとして，話の一致を通して象徴において，あるいは威信の闘いを通して想像界において，承認されることを要請してくる。この欲望は，象徴界の葛藤や想像界の固着に対して，それらの葛藤や固着の和解点として，そうした場でささやかな現実性を支えてくれている。そして，精神分析と言われるものは，そうやって支えられてきたささやかな現実性が主体の中に到来することに賭けるものなのだ。我々の採るのは，この欲望が承認されるような間主体的な経験を持つという道である（Lacan, 1966; 279）。

　このように述べることで，ラカンは，人間が言語的主体として生き続けていくことに伴う苦悩とそうした主体に現実性をもたらすものとしての精神分析の意義を示唆していると考えられるが，ここでの議論はまた，言語との関係において収斂点を構成することに困難を抱えた精神病的主体の苦しみとその乗り越えの可能性を示唆するものでもあると言えるだろう。
　では，その場合の我々が採るべき「欲望が承認されるような間主体的な経験」，すなわち，主体の誕生や自己規定を巡る「せき立て」の聴取とその語らいの切断によって実践される「短時間セッション」とはどのようなもの

だろうか（Lacan, 1966; 315）。また，その時，言語活動の循環周期による干渉と拍動のリズムをどのように捉え，介入することが必要となるのだろうか。

　これらの問いを検討するに当たっては，主体の内面における時間的な転調を生み出すものとしての主体と言語との関係性，さらには，その関係性を支えるものとしての描画やトポロジーの問題を問い直すことが求められるように思われる。

　本章では，ある統合失調症の事例の検討を通して，これらの疑問を明らかにするとともに，精神病に対する描画を用いたラカン派精神分析的アプローチの方法を提示してみたい。そうした試みはまた，描画テストや描画療法の実践においてこれまであまり考慮されてこなかったように見える，介入のタイミングやリズムの問題を問うものともなるだろう。

I. 臨床事例

　報告する事例は，40代後半の男性（以下，Clと記す）のものである。2人同胞の第2子。面接開始時点で，すでに両親は亡くなっており，親族は兄のみであった。大学4年時に統合失調症を発症。下宿先で，電話線を切って暴れているとの連絡が両親のもとに入り，急遽A精神科病院に入院した。幻聴，被害妄想が顕著であったという。半年間の入院を経た後，大学を卒業。以降，転職と入院を繰り返した。両親の死後，アパートでの一人暮らしを開始したが，隣人から迫害を受けているとの被害妄想が再燃し，B精神科病院に入院となる。その後は，「調子が悪くて，頭がいっぱいで入院したい」，「幻聴がなくなり，不安になった」などと訴え，入院しては退院する日々が続いた。グループホームや作業所の利用も試みたが，本人に合う所が見つからず，落ち着いて生活することが困難であった。ある定期受診の際に，「死にたい」と希死念慮を強く訴えたため，急遽入院。入院後，Clが「生活上の悩みを相談したい」と要望したことから，主治医のオーダー（悩みを聞きながら生活上のヒントを見つけ，退院を目指す）に基づき，約1年間，筆者との週1回の面接が行われた（面接においては，言語による精神分析的な関わりだけでなく，「描画連想法」も取り入れた）。

　初回面接時，母親からマインドコントロールを受けて何も判断できなくなり，ある日押さえつけられていたものが爆発して母を殴るに至ったこと，さらには，自分の行動を導いてくれる幻聴（コンビニに行き，何を買おうか迷っていると，「パンを買え」と聞こえてくるなど）が最近減ってきていて困っ

ていること，生きていても何も楽しくないから死のうとした（切腹しようとした）ことなどが語られた。その中にあって，「自分のことを待っている女性がいる」という妄想が語られたが，その妄想はその後の治療を方向づけるものとなった。妄想における女性は，Cl の友人の妹で，以前，Cl が母親と一緒に住んでいた実家に，一度だけ訪れたことがあったという。その際，Cl は家を留守にしており，会うことはできなかった。しかし，その女性は Cl のことをずっと待っており，また，いつ迎えに来るのか分からないことが不安であると，Cl は語った。

その後，女性に関する妄想はしばらくの間影を潜めたが，ある面接時に人物画として自画像のようなもの（図 6-1）を描いた際，再び出現することとなった。「この絵は，僕かなぁと思って。人間らしくはないけれど，ただ立っているだけ。これからを考えているのかも。一人で考えても浮かばないから」。「これからどう生きていったらよいのか分からない。嫁さんが来たら変わるのかもしれない。いつかは分からないけれど。○○さん（女性の名前）。可愛いし，スタイルもいい」。そのように語った後，Cl はその女性の名前を自画像のようなものに書き込んだ（人物画の右上部分）。

その後，希死念慮が見られなくなったことから，主治医の促しにより，Cl は退院に向けたグループホームの見学を開始した。見学を重ねる間は，退院後の生活についての現実的なやり取りを中心とする面接が続いた。ある回では「少しずつ，自分で考えられている気がする」と語られることもあったが，Cl の退院への不安は依然として強かった。

図 6-1　人物画と女性の名前

予定通り退院の日を迎えたものの，その2日後に緊急入院。「生きていても何も楽しくない」とのことで，頸部を鋏で切断したという。面接時，Clは，「昔，母親に『鋏で切って死なせて欲しい』と言われたことを思い出し，母親の形見の鋏で首を切って死のうとした」と語った。

1カ月半後，体力が回復し，生きる意欲も少しずつ見られるようになった頃，面接にて，次のような夢が語られた。「○○さん（女性の名前）が，近くに寄ったからと言って，家に来てくれた。お母さんが，『○○（Clの名前），食パン買って来て。○○さん（女性の名前）のために』と言うので，買いに出かけた。帰った後，一緒にバターかジャムを付けて食べた」。Clはとても嬉しそうな表情で，「やっぱり決まっているんだと思って」と語った。それを受け，筆者が即座に前述の自画像のようなものをカルテから取り出し，見せながら，「その女性は，以前にここに書かれた名前の女性と同じ方ですか」と確認したところ，Clは「そうです」と答えた（ここで，「描画連想法」を施行している）。

また，次の回に，Clは自殺を試みたことへの反省や，母親に対する謝罪，そして今回の出来事がある種の目覚めになったことについて語った。「『お母さん。ありがとう，生んでくれて。もうしません，自殺なんて。ごめんなさい』という手紙を書いてみた」，「そうすることで，段々と自分というものが見えてきた。ようやく目覚めたというか。首を切ったことが原点だと思う」

そんな中，発熱や下痢の症状が出現し，その後，インフルエンザに罹患する。しばらくの間，風呂に全く入らず，抑うつ状態となったが，「調子を崩し，インフルエンザになったことで，冷静になれた」との言葉通り，次第にこれまでとは異なる変化が見られるようになっていった。ある回において，Clは「バイクに乗って，どこかへ行っている。後ろに誰かが乗っている」という夢について話し，バイクは無理でもカブぐらいはまた乗ってみたいとする夢（欲望）を語った。また，別の回では，「幻聴で，将来のお嫁さんが来るかもしれないと聞こえた。ちょっと待ってみようと思う」と面接の場で語った後，久しぶりに風呂に入り，退院への意欲を示した。

その後，身体面，精神面の双方で着実な回復が認められたことから，主治医の判断をもとに，Clは再びグループホームの見学を開始した。退院までの間は，引き続き，「Clを待っている女性」に関する妄想をそのままの形で受け取りつつ，退院後の生活に関する現実的な調整を行いながら不安の解消を目指す面接（退院後の生活習慣について具体的に話し合う，退院後の生活で必要なものに関する買い物リストを作るなど）を行った。その中で，Clは「退

院したら，洋服を買い揃えて，○○さんを待ちたい。いつ来るかは分からないけれど，できることをしていきたい」などの夢（欲望）を語った。最終的に，退院に至り，グループホームでの生活が始まったが，以降現在までの間，再入院には至っていない。

II. 考　察

（1）無意識の拍動と「描画連想法」

本事例の経過についてどのように理解することができるのだろうか。もちろん，今回の分析的な関わりをもってして，Cl の生活における揺るぎない安定が実現されたとは言い難い。しかし，再入院に至らない日々が続いていることを考慮するならば，そこに何らかの臨床的意義を見出すことができるのではないだろうか。

本章の冒頭で確認したように，精神分析は，「欲望が承認されるような間主体的な経験」を通して言語的主体に現実性をもたらす実践であり，ラカンは，「話が生まれ出ずるようにするためにこそ，語らいを切る」技法である短時間セッションによってそれが可能になることを指摘している（Lacan, 1966; 315）。これは，主体と失われた対象（＝対象 a）との出会いの際に引き起こされる「急き立て」を聞き取り，その語らいを切断することで，主体の無意識の中に時間性を設定する技法である。

我々は，言語を介して自らの存在を位置づけるために，〈他者〉の領野において１つのシニフィアンに同一化し，言語的主体として成立しようとする。しかし，そのことは同時に，自らを捉えようとしつつ，そこから排除されてしまうことを意味する。その結果，我々は，シニフィアンの連鎖の中で，「もうないものとしての自分」（失われた対象＝対象 a）を追い求めては，それと出会い損ね続けるという宿命を背負うことになる（図6-2）（Lacan, 1964）。

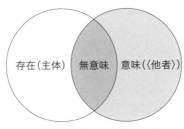

図6-2　主体と言語との関係性

　すなわち，我々は言語的主体として成立することで，空であるような対象aによって，欲望を掻き立てられる運命を進むことになるが，そうした対象aはそれでもなお「我々の存在の核」としての現実界と繋がりを持つものであり，故に，短時間セッションを介して，失われた対象としての対象aを浮かび上がらせていくことが，主体の再構成（主体の時間化）を促していく上で重要となるのである。

　この時に問題となるのが，対象aとの出会いの際に引き起こされる「急き立て」をいかに聞き取るかということである。フロイトが述べているように，無意識にいわゆる時間はない（Freud, G.W. X; 286）。しかし，拍動のようなものはあり，それは主体と言語との関係を反復として印づけている。

　　〈他者〉の領野に出現するシニフィアンは，その意味作用の主体を現出させます。しかし，シニフィアンがシニフィアンとして機能するとき，シニフィアンは，問題の主体をも，もはや一つのシニフィアンでしかないものにまで還元してしまいます。シニフィアンは，主体を，主体として機能するように，すなわち話すように召喚するのですが，その動きそのものによって，主体を石化させてしまうのです。ここにまさに時間的拍動と呼ばれるものがあります。無意識そのものの出発点を特徴づけるもの，すなわち閉鎖は，時間的拍動のうちに設定されます（Lacan, 1964; 188-189）。

　このように述べることで，ラカンは無意識という領野の構成そのものが回帰あるいは反復によって保障されることを示唆しているが，この意味において，対象aとの出会いを告げる「急き立て」，すなわち「主体が言語との関係を問い直そうとする反復性」を聞き取り，主体の無意識の拍動に合わせて語りを切断すること，それが主体と現実的なもの＝現実界との繋がりを導き，結果的に主体の再構成を促すことになるのである。

　以上の観点を踏まえ，筆者は「描画連想法」という描画を用いた臨床実践を行っている。すでに確認した通り，それは，①描画を「きく」ことを重要視する，②構造論的に描画を捉える，③「紙の交換」という形で，解釈としての区切りを入れ，主体にとっての対象aを浮かび上がらせる，というものである。「紙の交換」という形で区切りを入れ，主体にとっての対象aを浮かび上がらせるという点において，その適用の対象は，対象との関係を把持している神経症圏の主体となることが多い。しかし，主体の構造を構築してい

く方向性で用いるならば，本事例のような精神病圏の主体に対しても，「描画連想法」は適用可能なものであるだろう。次節以降，この点に関する検討を行っていくが，その際には，主体の無意識の拍動に合わせ，「紙の交換」という形で解釈としての区切りを入れ，主体にとっての対象aを浮かび上がらせるという方法に代わり，同様のタイミングにおいて，「紙の導入」（過去にClが描いた絵を再び取り上げて，主体の構造を補填する結び目を作ること）を行う方法，すなわち，主体と言語との関係を安定化させる構造を導く要素の一つとして描画や描画を巡る語らいを用いる方法を採ることが必要になると考えられる。

（2）「主体が言語との関係を問い直そうとする反復性」を聞き取り，介入する

　まず注目したい点は，本事例全体（筆者が関わった期間のみに限定する）が2度の病状悪化とその回復過程から成り，特に，2度目の病状悪化の際にみられた頸部の切断を伴う死の経験とその経験の受け入れが，新たなグループホームでの生活という生の経験への移行をもたらしたこと，また，その媒介物として「Clを待っている女性」に関する妄想の構築があったということである。

　このような経過の中にあって，筆者はClの「主体が言語との関係を問い直そうとする反復性」を聞き取りつつ，語らいを切断すると共に新たな形で接合するような関わり，すなわち，「Clを待っている女性」に関する妄想を否定することなくそのままの形で受け取りながら，同時に，退院後の生活についての現実的なやり取りを介在させていく関わりを試みたが，それはClの回復過程にどのような影響をもたらしたのであろうか。

　フロイトは，『モーセという男と一神教』の中で次のように述べている。

　　特にはっきりと言っておかねばならないのは，忘却から回帰したものは，全く独特の力でもって回帰してきた目的を果たしてしまい，比較するものなどないほど強力な影響を人間集団に及ぼし，真実に向けて抵抗し難い要求を突きつけてくるという事実であり，この力に対するならば，論理的な異議申し立てなどいつも無力だ，という事実である。まさしく，《不合理ゆえにわれ信ず》とならざるをえないかたちで。この奇妙に目立つ特質は，精神病者における妄想をモデルにしてのみ理解されうるだろう。妄想観念のなかには，回帰してくる場合に歪曲や誤解を受けるのはやむをえないにせよ，忘却された一片の真理が隠されていること，妄想を支える強迫的な確信が

　この真理の核から生じてきており，この真理の核をすっぽりと包み
込む誤謬というかたちでこの確信が拡散してしまっていることを，
われわれはずっと以前から理解していた。歴史的と形容すべき真理
に関しても，もろもろの信仰箇条において，われわれは同様の実態
を認めざるをえない。信仰箇条は，たしかに精神病の症状の特質を
帯びているのだが，集団的現象であるがゆえに孤立という名の呪い
を免れているだけに過ぎない（Freud, G.W. XVI; 190-191）。

　すなわち，フロイトは，抑圧されたものの回帰が「真理の核」との繋がりを
有するものとしてあり，それがゆえに，それは論理的な異議申し立てなど通
用しない程に人々に対して強力な影響を及ぼすものとしてあるだけでなく，
精神病者における妄想をも規定するものとしてもあること，さらには，「真理
の核」との関係における信仰箇条と妄想の違いは，その受け取り方の違いに
過ぎないことを指摘しているのである註1）。
　ここでの抑圧されたものの回帰を「主体が言語との関係を問い直そうとす
る反復性」として，また，「真理の核」を「我々の存在の核」として理解でき
る点（牧瀬，2012），さらに，抑圧されたものの回帰をどのように受け取る
かによって，主体と社会との接合の仕方が変わる可能性がある点を踏まえる
ならば，上記のような関わりは，Cl とその存在の核＝現実界との繋がりの再
構成を促すものとしてあったと言えるのではないだろうか。
　興味深いことに，清水・加藤は，統合失調症において，「発病期の核心点」
の反復的想起が認められること，そして，回復期の想起によって生じる体験の
距離化は，患者が自己の承認を求める特定の他者に対して，発病期の核心点
について言辞を差し向け，発病期の核心点を一種の心的外傷として自伝的物
語のなかへ回収することによって為されると述べている（清水・加藤，2002;
758-780）。そのような「発病期の核心点」の反復的想起は，我々の議論にお
ける「主体が言語との関係を問い直そうとする反復性」と重なり合うもので
もあるだろう。
　本事例において，「発病期の核心点」は，当初，「母親からマインドコントロ
ールを受けて何も判断できなくなり，ある日押さえつけられていたものが爆
発して母を殴るに至った」とする形で語られていたが，その後，頸部の切断

註1）この点に関して，ラカンが，神経症における症状形成を「抑圧されたものの回帰」，
　　精神病における症状形成を「排除されたものの現実界への再出現」として区別してい
　　る点には注意しておきたい（Lacan, 1981; 21）。

という死の経験を経て，「『お母さん。ありがとう，生んでくれて。もうしま
せん，自殺なんて。ごめんなさい』という手紙を書いてみた」，「そうするこ
とで，段々と自分というものが見えてきた。ようやく目覚めたというか。首
を切ったことが原点だと思う」という語りとともに，事後的に「原点」とし
て捉え直されるに至った。こうした経過は，発病期の核心点を一種の心的外
傷として自伝的物語の中に回収する営みであったと理解できるものであり，
その際に，筆者が「原点」を巡る反復のリズム＝「主体が言語との関係を問
い直そうとする反復性」を聞き取り，そのリズムに合わせて上記の介入を行
ったことが，回復への道を拓いたと考えられるのである。

　しかしながら，「主体が言語との関係を問い直そうとする反復性」は，清
水・加藤の指摘する「発病期の核心点」の反復的想起に比べ，より短い周期
で生じているように見える。それは1回の面接時に数回程度あり，その時，
主体の内面における時間的転調が聞き取られる。本事例で，そのタイミング
は，現実的な内容の語らいの中に突如「Clを待っている女性」についての語
らいが浮かび上がる際の時間的揺らぎとして感知され，その揺らぎを聞き取
り，妄想と現実とを結び合わせていくことで，主体の構造の構築が促されて
いった[注2]。この点において，「主体が言語との関係を問い直そうとする反復
性」は，「発病期の核心点」の反復的想起を内包するものとしてあると考えら
れる。ラカンと精神病の患者であるジェラールとの対話の記録が残されてお
り，その中で，ラカンはジェラールの会話の揺らぎに合わせて何度か解釈を
行っているが，「主体が言語との関係を問い直そうとする反復性」は，その揺
らぎに相当するものであるとも言えるのかもしれない（Czermak, 2012）。

　また，ラカンは，精神病の構造的要件として，シニフィアンの法を構成する
ものである「父の名」の排除を挙げており，それは「父のような人」との出
会いによって事後的に起動し始めると述べている（Lacan, 1966; 577-578）。
「発病期の核心点」がそのような出会いを巡るものとしてあり，それを契機に
「Clが言語との関係を問い直そうとする反復性」が病状悪化を引き起こすも
の，あるいは，介入次第では回復への糸口を導く契機をもたらすものとなる
ことを確認しておく必要もあるだろう。

　しかし，ここで注意しなければならない点は，そうした反復のリズムに合

────────────
　註2）このような時間的転調は，1回の面接における，統合失調症患者の塗り絵の塗り
　　　方の変化や使用する色の変化として感知される場合もあるだろう。例えば，ある事例
　　　では，それまで明るい色で塗っていたにもかかわらず，突然黒や茶色の暗い色で上塗
　　　りし始める時があった。そうした契機をいかに捉え，介入するかは治療的に重要な意
　　　味を持つように思われる。

わせ，妄想的隠喩をもとに主体の構造の構築を行っていく主体は，あくまで
も Cl であるということである註3)。中井が述べているように，治療者が「こう
してやろう」とする意図を抱き，上記の介入を行おうとすると（中井, 1998;
24)，決してうまくはいかない。それを契機に，再度の病状悪化が惹起され
る危険も考えられる註4)。ラカンは精神病の治療において，治療者が Cl の秘
書としてあることが重要であると指摘しているが（Lacan, 1981; 233)，そ
のような姿勢を維持していくことが求められるのである。

（3）描画を反復的に用い，主体の構造の構築を促す

「主体が言語との関係を問い直そうとする反復性」を聞き取りつつ，その存
在の核＝現実界との繋がりを内包する「Cl を待っている女性」に関する妄想
と現実との関係を結び合わせる形で介入したこと，そして，特に 2 度目の入
院においてそうした関わりをより明確に実現できたことの臨床的意義を確認
したが，一連の治療的展開を促すに当たり，Cl － 筆者間の描画を用いたやり
取りが重要な役割を果たしたように見える。それは，主体の構造を構築して
いく方向で行った「描画連想法」であったとも言えるが，次にこの点につい
て検討してみたい。

初回面接からしばらく経ったある日，Cl は人物画として自画像のようなも
のを描き，「この絵は，僕かなぁと思って。人間らしくはないけれど，ただ立
っているだけ。これからを考えているのかも。一人で考えても浮かばないか
ら」と語った。そして，「これからどう生きていったらよいのか分からない。
嫁さんが来たら変わるのかもしれない。いつかは分からないけれど。○○さ
ん（女性の名前）。可愛いし，スタイルもいい」と言い，その女性の名前を自
画像のようなものに書き込んだ。このことにはどのような意味があったので
あろうか。

藤縄は，精神病的主体が病的状態にあるとき，自己の鏡像に対して一貫性，

註3）ラカンは，精神病的主体の妄想が，妄想的隠喩という形で，主体と「不可能なもの」
　　＝現実界との関係の安定化を促すものとしてあることを指摘している（Lacan, 1966;
　　577)。
註4）例えば，中井は次のように述べている。「自分の信念や人生訓を説いたり，逆に
　　患者の妄想や夢を奪おうとすれば，患者は錯乱するか，いっそう妄想にしがみつくか，
　　どちらかであろう。錯乱のほうが，まだ，治癒への道が開けているが，残念ながら，
　　こっちのほうになるのは稀である」，「一般に，患者のかたわらに静かに坐ることによ
　　る"シュヴィング的"影響，いわば『存在』としての，鎮静的な影響に近づくほど好
　　ましい結果になるだろう」（中井久夫, 2014; 310)。精神病圏の主体に対する心理療
　　法に描画を導入する際は，常にこうした点に留意する必要があると言えるだろう。

自明性，親近性を失うため，それを補う形で自画像を描く場合があることを指摘している（藤縄, 1974; 219-242）。Cl が自画像のようなものを描き，それについて「人間らしくはないけれど，ただ立っているだけ。これからを考えているのかも。一人で考えても浮かばないから」と説明していた点を踏まえるならば，ここでも同様の事態が Cl の中で生じていた可能性が考えられるだろう。

　また，そうした事態に呼応するかのように，「Cl を待っている女性」の妄想が語られ，自画像のようなものにその名前が記されることになった。この名前は実際の女性の名前であったと推測されるものの，「Cl を待っている女性」が現実的な存在をモデルにしつつも，あくまでも妄想的な存在としてあった点は，それが言語新作的な要素を多分に含むものとしてあったことを示しているだろう。新宮は，「ネオロジスムとは，それを使用する主体が，言語の一般体系に篭絡されることなくその外部に立ち，その主人として機能しているということの印なのである。そして，それを正確に使用することで，主体性はそのつど保証される。ネオロジスムの発現は言語に含まれる音韻の自立性を人間が把握したことの結果であり，ネオロジスムの使用はそのまま人間の主体性の発露である」（新宮, 2001; 48-55）と述べているが，この点を鑑みるならば，Cl が言語新作的な要素が色濃い「Cl を待っている女性」の名前を自画像のようなものに印づけたことは，Cl が言語的主体として新たな立ち位置を得ること，さらには，それをもとに自己の鏡像，身体の纏まりの綻びを補うことを可能にする契機としてあったと考えられる。実際，この時を境に Cl の自殺念慮が見られなくなったことは，その意義を示唆するものであったと言える。

　しかし，ここでさらなる展開が実現することはなかったのだろう。この時点ではまだ，曖昧な自己像（自画像のようなもの）は絵で出ているものの，女性の方は像の絵がなく名前（シニフィアン）だけであり，また，両者の対応関係は，近くに描いて＝書いてあるということしかなく，薄かった。このような状況の中，主体内での対応関係のルートを作ったのは，次のような「夢を見る」という Cl の行為であったと考えられるからである。

　2 度目の病状悪化の際にみられた頸部の切断を伴う死の経験後，Cl は，「○○さん（女性の名前）が，近くに寄ったからと言って，家に来てくれた。お母さんが，『○○（Cl の名前），食パン買って来て。○○さん（女性の名前）のために』と言うので，買いに出かけた。帰った後，一緒にバターかジャムを付けて食べた」という夢について語り，その後嬉しそうな表情で，「やっぱ

り決まっているんだと思って」と話した。そして，その際，筆者はClの「主体が言語との関係を問い直そうとする反復性」を聞き取りつつ，即座にその夢の女性と以前描かれた自画像のようなものに記された名前の女性とが同一人物であるかの確認を行ったのである。

　フロイトは，精神病者の精神分析事例の報告を通して，事後性が投射の過程と絡まり合い，それによって妄想が患者にとっての現実性を獲得していく様子を詳細に描出しており（Freud, G.W. I/G. W. X），また，新宮は，「精神分析とパラノイアの間に存在するかもしれないフロイト自身が気づいていた奇妙な並行関係は，事後的に因果関係を再発見するという構造的な質において見出されるのではないか」という問題提起を行った上で，「夢における構造的反復は，事後性を，覚醒に向かって先送りすることによって，夢の元になっている幻覚的欲望成就を，究極的に現実ではない不可能なものとして治療的に再構成することを可能にする」と述べ，そこに神経症，精神病の差異を超えた精神療法の本質が見出せることを指摘している（新宮，2011; 129-139）。

　これらの観点を踏まえ，上記の介入について検討するならば，「主体と言語との関係性を問い直そうとする反復性」のリズムを聞き取りつつ，幻覚的欲望成就を包み込んだ夢と以前に描かれた女性の名前が記された自画像のようなものとを即座に重ね合わせ，「不可能なもの」との関係を支える主体の構造を事後的に構築し得たことの治療的意義をそこに認めることができるのではないだろうか。1度目の入院の時点で，すでに「Clを待っている女性」の妄想やその名前を自画像のようなものに印づけたことは，Clが言語の混乱から逃れる余地を生み出すものとして機能していたと言えるが，上記の介入が，妄想的隠喩の展開を後押ししたことで，より安定した形で，Clは言語的主体として新たな立ち位置を獲得し，それをもとに自己の鏡像，身体の纏まりの綻びを補うことが可能になったと考えられるのである。

　この後，身体面，精神面の双方で着実な回復が認められる中，Clが「バイクに乗って，どこかへ行っている。後ろに誰かが乗っている」という夢について話し，バイクは無理でもカブぐらいはまた乗ってみたいとする夢（欲望）を語ったことや，「幻聴で，将来のお嫁さんが来るかもしれないと聞こえた。ちょっと待ってみようと思う」，「退院したら，洋服を買い揃えて，○○さんを待ちたい。いつ来るかは分からないけれど，できることをしていきたい」と語ったことに，幻覚的欲望成就を「不可能なもの」として再構成し得たことによる効果のようなもの（幻覚的欲望成就が「ちょっと待ってみよう」，「いつ来るかはわからないけれど，できることをしていきたい」という

形で先送りされている）を見て取れる点もまた，このことの重要性を示唆し
ているように思われる。

　また，このような形で上記の介入の意義を確認できるとするならば，主体
の幻覚的欲望成就を現実ではない「不可能なもの」として治療的に再構成す
るに当たり，主体の反復のリズムに合わせて，幻覚的欲望成就を包み込んだ
夢と描画（自画像）とを重ね合わせていくことが，有効な手段に成り得ると
言えるだろう。これが，先に述べた主体の無意識の拍動に合わせて紙を導入
し，主体の構造の生成を促す形の「描画連想法」に当たるものであるが，1
枚の描画（自画像）を夢と結びつけながら治療の中で反復して用いることで，
描画が現実と幻想の結び目として機能し，患者－治療者の二者関係を支える
に至ることを我々は第5章において確認した。その事例（醜形恐怖症の事例）
もまた，Cl の身体の纏まりの脆弱性を認めるものであったことを踏まえるな
らば，特に，「不可能なもの」との関係をもとに自己の鏡像，身体の纏まりの
綻びを補填する必要がある場合に，この方法は有用なものであると考えられ
る。

（4）本事例の自己像の理解に向けて

　ところで，改めて考えてみると，上記の介入以前において，Cl の自己像は
いくつかの曖昧な規定を受けていたことに気づかされる。人物画を描いた際
の Cl の「この絵は，僕かなぁ」という語りからは，とりあえずこの絵が自己
像の描写である可能性が予想されるものの，この時点でははっきりと自画像
として認識されて描かれたものではなかったことが窺われる（前節において，
Cl が描いた人物画を「自画像のようなもの」として記述したのは，この理由
からである）。また，「人間らしくはないけれど，ただ立っているだけ」とい
う語りからは，この絵のイメージが人間かどうかも不明であることが，さら
に，女性の名前をこの絵に記した理由も，絵の中の人物がその女性だと思っ
ているのか，絵を描いた画家の名前をそこに書くようにそれを書いたのか，
それとも紙があったから書いたものなのか，全く曖昧なままであったことが
見て取れるのである。

　しかし，その後，筆者がその名前と語られた女性とを重ね合わせた際に，描
画も一緒に出したことで，Cl の「そうです」という言葉がこれらの曖昧な情
報を一挙に肯定することになった。この介入を通して前述のような治療的転
回点を導くことが可能となったが，こうした展開はまた，Cl が排除した「父
の名」を一瞬間取り戻し，行使したことを意味していたと言えるのではない

だろうか。すでに確認したように，ラカンは精神病の構造的条件として「父の名」の排除があり，それを補うことが治療の目標となる点を指摘している。紙の上にある矛盾だらけの存在を一つに纏める「そうです」という言葉やその言葉を用いての Cl の応答が，「父の名」を補う意義を持つものとして機能することで，事後的に描画が自画像かつ女性の像として位置づけられ，同時に，主体の構造の構築が促されるに至ったのであろう。すなわち，自画像が女性の像であることは不可能であるが，その不可能な事態が妄想の形であれ，確保されたがゆえに，主体の構造の構築が可能になったと考えられるのである。

　ラカンは，「構造，それは言語的な繋がりの中に隠されている非球体的なもののことであり，主体という効果がそれによって把握されるのである」(Lacan, 2001b; 483) と述べており，この点に関連して，ミレールは構造と「父の名」の関係を次のように言及している。

> より根本的な次元では，実際のところ大文字の他者の中にはひとつの穴があるということになります。つまり構造というものは決して完結したものではないということです。そして父の名とは，この穴のある種の埋め方であるということになります (新宮, 1996; 256)。

　これらの点を踏まえ，上記のような臨床の流れを表現するならば，不完全な形であると予想されるものの，それは図 6-3 のような空（＝穴）の場を宿した，「不可能なもの」＝現実界との関係を内包する「内巻きの 8」のトポロジーあるいはメビウス環として描くことができるのではないだろうか[注5]。第 2 章で確認した通り，描画を用いて主体の構造を構築することは，「不可能なもの」＝現実界との関係を支えるトポロジーを生成することとして捉えられるものであり，また，「内巻きの 8」やメビウス環の表と裏が連続した一つの面を有するという特性は，Cl の描いた人物画が自画像でありかつ女性の像

註5）ラカンは，内巻きの 8 のトポロジーについて，次のように説明している。「私はここに，かつて『内巻きの 8』と呼んだ主体のトポロジーを書きました。これはたしかに例のオイラー円を思い出させるものです。ただ，ここで問題となっているのはもはや線ではなくて面，つまりみなさんがそこに思い描くことのできる面です。この縁は繋がっています。ただある一点までくると，先に作られていた面によって，縁は隠されてしまいます。この絵はある角度から眺めると，重なり合っている二つの領野を表しているようにも見えるでしょう。…（中略）…しかしまさに，そういうことではないのです。なぜなら二つの領野が重なり合ってできているように見えるこの部分は，それを面として正しく捉えてみれば解るように，一つの空なのですから」(Lacan, 1964; 142-143)。

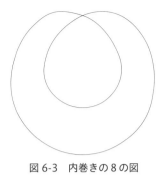

図 6-3　内巻きの 8 の図

であったことを表すに適したものであると思われるのである。

（5）本事例の経過と身体症状の関係性

　最後に，本事例の経過と身体症状の関係性について検討しておきたい。頸部の切断を伴う死の経験を経た後，上記の描画を用いた介入をもとに「発病期の核心点」を事後的に「原点」として捉え直す中，Cl は発熱や下痢の症状を呈し，その後インフルエンザに罹患した。しばらくの間，風呂に全く入らず，抑うつ状態になったが，「調子を崩し，インフルエンザになったことで，冷静になれた」との言葉通り，次第にこれまでとは異なる変化が見られるようになった。

　こうした身体症状の出現は，一見する限りでは主体の構造の構築過程とは無関係であると思えるかもしれない。しかし，清水・加藤は，「発病期の核心点」を一種の心的外傷として自伝的物語のなかへ回収する，統合失調症の回復期での想起の過程において，身体症状（嘔吐，下痢などの消化器症状，咳などの呼吸器症状など）が随伴したと報告しており（清水・加藤，2002；758-780），中井もまたこうした身体症状の出現を統合失調症の臨界期の特徴として指摘している（中井，1984a）。すなわち，ヴァイツゼッカー Weizsäcker, V. が精神療法中に生じるあまり重篤ではない身体的疾患を一つの転機として捉え，そうした転機の前後では出来事の法則性が変化してしまうと指摘しているように（Weizsäcker, 1940），回復の過程において身体症状が出現することには意味があり，そうした転機を精緻に検討しつつ，関わりを進めていくことがそこで求められるのである。

　この転機において生じていることを理解する上で，次のようなヴァイツゼッカーの指摘は参考になるだろう。

転機の本質が一つの秩序から他の秩序への移行ということだけには留まらず，主体の連続性と同一性の放棄でもあるということを知った。主体とは，『不可能』を成就すべしという強制がひとたび立てられるや，変転が生じない限り断絶や飛躍の中で破滅してしまうようなものである（Weizsäcker, 1940）。

　また，新宮は，人工妊娠中絶後に球症候群を呈した症例の夢分析中に生じた身体的発作（不安発作，強い疲労と自律神経症状）について検討し，それが胎児を自分とする同一化と，自分を母とする同一化の両方が為される不可能な領域としてあり，そこにおいては時間を超えた存在としての「もの」が現れてくると述べている（新宮，1988; 44-47）。

　このように，転機としての身体症状が出現する際には，因果的説明を超えた変転・同一化が生じており，また，それによって「もの」＝「不可能なもの」との関係が支えられ，主体の構造の再構成あるいは構築が促されると考えられるが，本事例の経過における身体症状の意義も同様の観点から理解することができるのではないだろうか。

　頸部の切断を伴う死の経験の後，描画が自画像かつ女性の像としてあるという不可能な事態が妄想によって確保され，不可能なものとの関係を支えるトポロジーの生成が促されたことで主体の構造の構築が可能となったことが明らかになったが，そのような変化が生み出されるためには，因果的説明を超えた「もの」＝「不可能なもの」の次元へと一度戻る必要があり，その時に転機としての身体症状が出現するに至ったと考えられるのである。

　また，この点を鑑みるならば，描画を用いた治療中に身体症状が出現した場合には，それが主体の構造の問題とどのように結びついているかを注意深く検討していくことが求められると言えるだろう。

III. 主体の構造の構築から主体と社会の関係の構築・再構成へ

　以上，ある統合失調症の事例の検討を通して，精神病に対する描画を用いたラカン派精神分析的アプローチの方法を考察した。

　その結果，Cl の回復過程において，「主体と言語との関係性を問い直そうとする反復性」のリズムを聞き取りつつ，主体の存在の核＝現実界との繋がりを内包する妄想と現実との関係を結び合わせたことや，主体の反復のリズムに合わせて，幻覚的欲望成就を包み込んだ夢と描画（自画像）を重ね合わ

せ, 妄想的隠喩の展開を後押ししたこと (「紙の導入」を以って行う描画連想法を施行したこと) が, 重要な治療的転回点を生むものとなったことが分かった。このような治療過程は, 描画の持つ臨床力の起源が, 夢の絵画性に繋がるということを示唆するものでもあるだろう。

また, Cl が自己像を取り返した際の状況を考察した結果, Cl が発した「そうです」という言葉やその言葉を用いての Cl の応答が,「父の名」の排除を補う形で機能することで, 事後的に描画が自画像かつ女性の像として位置づけられ, 同時に, 主体の構造の構築が促されるに至ったことが明らかになった。すなわち, 自画像が女性の像であるという不可能な事態が妄想の形であれ, 確保されたがゆえに, 主体の構造の構築が可能になったのである。そのような臨床の流れは, 「不可能なもの」＝現実界との関係を内包する「内巻きの 8」のトポロジーあるいはメビウス環を生成することとして捉え得るものであると考えられた。

さらに, 本事例の経過と身体症状の関係性についての検討を行った結果, 上記のような形で主体の構造の構築が為されるに当たっては, 因果的説明を超えた「もの」＝「不可能なもの」の次元へと一度戻る必要があり, その時に転機としての身体症状が出現することが確認された。このことから, 描画を用いた治療中に身体症状が出現した場合には, それが主体の構造の問題とどのように結びついているかを検討していくことが求められると提起した[註6]。

このように, 精神病治療における主体の構造の構築は, さまざまな要素が複合的に絡み合う中で促され, その過程において, 描画は重要な役割を果たすものとしてあるように思われる。また, これらの結果は, 描画を用いたラカン派精神分析的アプローチの方法だけでなく, 描画テストや描画療法全般において, 主体のリズムを聞き取り, 介入することがいかに有効であるかの示唆を与えてくれるものでもあるだろう。そして, そうした関わりが, 主体と社会のつながりの構築や再構成, あるいは主体の発達を導くことになるのである。次章では, フロイトのハンス症例や, 神経症圏, 発達障害圏の子どもたちとの描画連想法の事例の検討を通して, この問題について考察してみたい。

註6) 本事例に関しては, 別稿にてまた異なる観点からの考察を試みている。そちらも併せて参照のこと (牧瀬, 2023b; 169-175)。

第7章

主体と社会をつなぐ描画

　レヴィ゠ストロース Lévi-Strauss, C. は，『悲しき熱帯』の中で，カデュヴェオ族（Kadi-wéu，ブラジルの先住民族）の女性が描いた顔面装飾の図柄（図 7-1）を紹介するとともに，その女性が図柄を，モデルや下描きもなく，目印も付けずに，即興で描いた様子を次のように記している。

> 彼女は，両端が渦巻で終わっている弓形のモティーフで上唇を飾る。次いで縦に線を引いて顔を分け，時には横の線でも切る。顔は四分され，刻まれ――あるいは斜めにさえ切られ――，それからアラビア風模様で自由に飾られる。この模様は，目や鼻や頬や額や顎があることは一切考慮せずに，ひと続きの面の上ででもあるかのように拡げられるのである。洗練され，非対称ではあるが均衡のとれたこの構図は，どこか一つの隅から出発して始められ，躊躇うことも消すこともなしに終わりまで続けられる (Lévi-Strauss, 1955; 214)。

　さらに，レヴィ゠ストロースは，このような顔面装飾について，「顔の装飾はまず，個人に人間であることの尊厳を与える。それは，自然から文化への移行を，『愚かな』動物から文明化された人間への移行をつかさどる。次に，カーストによって様式も構成も異なるこの装飾は，複合された社会における身分の序列を表現している。このようにして顔面装飾は，ある社会学的機能をもっているのである」(Lévi-Strauss, 1955; 222-224) と述べている。

　ここで，レヴィ゠ストロースは，原住民の顔面装飾に，生物学的個人と，個人が体現すべき社会的人格との分割に加えて，その主体が属する社会の関係が表れていることを見て取っているが，それは次のような理由からである。

図 7-1　カデュヴェオ族の顔面装飾の図柄
（出典：Lévi-Strauss（1955）悲しき熱帯.
In：泉靖一編：世界の名著 59（1967）p.467）

　社会学的な次元においては，構造は，まず，三分組織と双分組織という，一方は対称性をもたず，他方は対称性をもった組織の対置の中に存在しており，第二に，一方は相補性に，他方は上下の序列関係にもとづく二つの社会機構の対置のなかに存在している。これらの互いに矛盾する原理に忠実であり続けようと努めるならば，その結果，社会集団は，連携し対立するさらに小さい集団に分割され，再分割される。紋章が，その図柄の地のなかに，多くの線から受けている特性を集めているように，社会も，対角線によって斜めに等分され，裁断され，左右に等分され，あるいは右上から左下に斜めに二分されているのである（Lévi-Strauss, 1955; 226）。

　このようなレヴィ＝ストロースの見解は，とても臨床的であるように思われる。実際，分析の場で描かれる人物画の顔の分割点は，主体と社会との繋がりを示すものであり，その分割点の反復に焦点化することは，分析の転回点を導く可能性が考えられる[註1]。さらに，このような関連性は，人物画に留まらず，臨床描画全体においても認められ，そこでの Cl の自己表現の仕方に注目しつつ，主体と社会の繋がり方の再構成を促すことで，治療的展開が生じてくるように見える。

　註1）詳細については，第 5 章を参照のこと。

　本章では，フロイトのハンス症例や，神経症圏・発達障害圏の子どもたちとの「描画連想法」の事例の検討を通して，ラカン派精神分析の観点からこの問題について考察する。また，そこから得られた結果を踏まえ，主体と社会をつなぐものとして臨床描画があること，さらには，その点を浮かび上がらせながら主体の再構成を促すことの治療的意義を明らかにしたい。

I.　顔面装飾と「自らを人間として再認すること」

　先述のように，レヴィ＝ストロースは，原住民の顔面装飾に，生物学的個人と社会的人格との分割に加えて，その主体が属する社会の関係が認められると指摘している。そのように主体と社会との繋がりを描き出すということが，いかにカドュヴェオ族の人々が人間として生きていく上で重要なものとしてあったかについては，次のような彼らと訪問者（宣教師）とのやり取りからも窺える。

　　原住民は宣教師たちに向かって尋ねた。「なぜあなたがたはそんなに愚かなのか」。「なぜ我々が愚かなのか」，宣教師たちは反問した。「なぜなら，あなたがたは，エイグゥイェグイ族（カドュヴェオ族の一つ）のように体に絵を描いていないからだ」。

　　人間であるためには，絵を描いているべきであった。自然の状態のままでいる者は，禽獣と区別がつかないではないか（Lévi-Strauss, 1955; 220）。

　すなわち，彼らにとって，主体と社会との繋がりを描き出すということは，自らを人間として再認していく上で欠かせないものとしてあったのである。だからこそ，レヴィ＝ストロースは，「顔の装飾はまず，個人に人間であることの尊厳を与える」と述べていると考えられるが，果たしてこうした問題は原住民の社会に限って認められるものなのであろうか。我々もまた，自らを人間として再認していく上で，顔面装飾とはまた異なる形で，主体と社会の繋がりを描き出していく必要があるのではないだろうか。
　ここで注目したいのが，レヴィ＝ストロースが，顔面装飾に見出される模様の規則について述べる際に，意識的に「紋章学の用語（termes héraldiques）」を用いていると言及している点である（Lévi-Strauss, 1955; 220）。興味深

いことに, この点は, ラカンがフロイトのハンス症例を検討する中で述べていることと密接に結びついているように見える。両者の結びつきを検討することで, 上記の問いに対する答えを見出していくことができるのではないだろうか。

II. ハンス症例における症状と「紋章学的形象」との関係

ハンス症例は, フロイトが「ある五歳男児の恐怖症の分析」の中で報告している症例である (Freud, G.W. VII)。3歳を迎える以前より性に関する興味が強かったハンスは, 妹ハンナの誕生後ますますその傾向を強めるようになり, 4歳9カ月の時には「通りで馬が自分に噛みつくんじゃないか」とする恐怖症の症状を呈するに至った。フロイトの助言のもと, ハンスの父親による介入が開始されたが, その治療過程は, ハンスがエディプスコンプレクスの問題と向き合うことを通して, 自らを言語的存在として位置づけることを促すものとなった。すなわち, 恐怖症を介して, ハンスは自らの世界を再構造化していったのである。

この点に関して, ラカンは「恐怖症は子どもの世界にひとつの構造を導入し, 内部と外部という機能を前景に置きます。それまで子どもはつまるところ母親の内部にいました。子どもは, そこから投げ出されたばかり, あるいは投げ出されたと想像したばかりで, 不安に陥っています。そして子どもは, 恐怖症の助けで, 内部と外部の新たな秩序, 一連の敷居を打ち立て, これが世界を構造化するのです」(Lacan, 1994; 246) と指摘するとともに, ハンスの症状における馬というシニフィアンが果たした役割について, 次のように述べている。

> 我々が恐怖症をその対象によって, ここでは馬によって, 何々恐怖と呼びたくなることは大いにありうることですが, それは, この馬が, そもそも馬というものを超えているということを見落としているからにほかなりません。この場合, 馬はむしろ, 優位であるとともにこの領野全体の中心を定め, ありとあらゆる含意, とりわけあらゆるシニフィアン的含意に満ちた紋章学的形象 (une figure héraldiques) として問題になっているのです (Lacan, 1994; 305)。

ここでラカンは, 主体と社会（世界）との関係が, 恐怖症の症状の中に,

「紋章学的形象」として現れることを指摘していると考えられるが，これは，レヴィ゠ストロースが，原住民と社会との関係を，その紋章学的原理を思い起こさせる顔面装飾に見出した方法と同様の考え方であると言えるだろう。紋章とは「個人を同定すると同時に家系をも示す」ものであり，紋章学とは「家系の継承を解明する学問」のことであるが（Slater, 1996; 9），ハンスは母子関係における不安状態の一時的安定を得るため，父の代わりに，系譜的構築を可能にする馬というシニフィアン的含意に満ちた紋章学的形象（噛む馬，転倒する馬，繋駕された馬，蹄鉄を付けた馬など）を選択したのである。

さらに，そうしたシニフィアン＝形象は，神話や民間伝承の断片によって歴史化されたあらゆる歴史的前提を含む絵本の中に見出されるものでもあり[註2]，分析の進展は，「このシニフィアンに，神経症の構築においてハンスが割り当てた役割を演じさせて，ハンスと象徴界との関係を保証する，つまりこのシニフィアンを象徴的秩序における援軍,標識のポイントとすること」（Lacan, 1994; 400-401）であったと言える。換言すれば，恐怖症は，ハンスがこのシニフィアンを扱うことを可能にし，シニフィアンそのものが含むより豊かな発達の可能性を引き出すことを可能にしたのである。

この点において，次のようなラカンの指摘を重ね合わせて確認しておくことは意義があるだろう。

> 分析経験が我々に何ものかを示したとすれば，それは，人間間のあらゆる関係は〈他者〉からの叙任に基づくということです。〈他者〉はすでに無意識という形で我々のうちにありますが，パロールの座としての絶対の〈他者〉を内包する布置を介することなしに，我々自身の発達は何も実現されません。エディプスコンプレクスに意味があるとしたら，それはまさしくエディプスコンプレクスが，現実界と象徴界の間の我々の設立，我々の進歩の根拠として，パロールをもつ者の実在，語ることのできる者の実在，つまり，父の実在を与えるからです。要するに，エディプスコンプレクスは父をある機能へと具現化するのですが，この機能それ自体が問題を提起するものです。「父とは何か」という問いかけは分析経験の中心に，永久に

註2）例えば，次のようなハンスの父の記録を確認することができる。「彼の最初の絵本を持ってこさせました。そこにはコウノトリがいる巣が赤い煙突の上に描かれていました。これが箱なのです。驚いたことに同じページに蹄鉄を打たれている馬を見ることができました」（Freud, G.W. VII ; 308）。

解かれないものとして措定されます（Lacan, 1994; 372）。

　すなわち，我々の発達は，パロールの座としての絶対の〈他者〉を内包する布置を介してはじめて実現されるのであり，ハンス症例においては，恐怖症の症状，あるいはシニフィアン的含意に満ちた紋章学的形象としての馬のシニフィアンをもとに，それが可能となったのである。この時，馬のシニフィアンは，〈他者〉の叙任＝「父の名」（父の機能）をもたらすという意味において，主体と社会をつなぐ役割を果たしていたのであろう。この点を鑑みるならば，原住民が顔面装飾を介して自らを人間として再認していたのと同様に，我々は，症状に内在するシニフィアン的含意に満ちた紋章学的形象を介して，社会との繋がりを確認し，自らの存在を位置づけようと試みていると考えられるのである。

III.　主体と社会との繋がりを描き出すことの意義

　では，ハンス症例において，先述の意味での発達を促す契機はいかなるものとしてあったのであろうか。ここで注目したいのが，次のようなハンスと父とのやり取りの内容である。

　ある日，父は治療の一環として，ハンスに「女性はペニスを持っていない，だから，女性のペニスを探しても無駄である」と教化した。すると，その夜，ハンスは恐怖に駆られて飛び起き，両親の部屋に逃げ込んできて，翌日，その理由について語ったのである。

　ハンス：「夜，部屋の中に大きなキリンとくしゃくしゃのキリンがいて，
　　　　　ぼくがくしゃくしゃのを取り上げたので，大きいほうが叫び声
　　　　　を上げたの。それから大きいキリンが叫ぶのをやめて，それか
　　　　　らぼくはくしゃくしゃのキリンの上に跨ったの」
　　父　：（面食らって）「何？　くしゃくしゃのキリンだって？　どんな
　　　　　ふうだった？」
　ハンス：「うん」（紙切れをすばやく取ってきてくしゃくしゃに丸め，わ
　　　　　たしに言いました）
　　　　　「こんなふうにくしゃくしゃだった」
　　父　：「でおまえ，くしゃくしゃのキリンに跨ったんだね。どんなふう
　　　　　に？」

　ハンスはまたわたしにして見せ，地べたに座りました。

　このようなハンスの幻想に関して，父は「大きなキリンはわたしであり，ないしは大きなペニス（長い首），くしゃくしゃのキリンは妻であり，ないしは彼女の性器です。したがってこれは〔女性にペニスがないという先の〕啓蒙の結果ということになります」と解釈し，ハンスが思い描いたものの意味を読み込もうとしている。こうした父の解釈がハンスのエディプスコンプレクスの解決に少なからず影響を与えるものであったことは認めつつも，それとは全く異なる観点からその意義を理解することもできる。
　大きなキリンと小さなキリンは同じようなものであり，一方は他方の複製としてあること，また，ハンスがこのような仕方で母の換喩を作り出したことは，小さなキリンが一つの象徴となったことを意味することから，それはもはや紙に書かれたデッサンでしかなく，くしゃくしゃにできるものとなったと捉えられるのである（Lacan, 1994; 264）。さらに，「ハンスが，くしゃくしゃの紙という，ついに象徴へと還元された母に跨っている」（Lacan, 1994; 274）ことも注目すべき点としてあるだろう。
　この意味において，ここには，ハンスの想像界から象徴界への移行の問題が表されていると言えるが，興味深いことに，ラカンは，くしゃくしゃの小さなキリンが，父がかつてハンスに描いてあげ，ハンスがそれにおちんちんを描き加えたキリンのデッサン（図7-2）と同じ次元の問題を含意している

図7-2　キリンのデッサン
（出典：Freud, S. (1909) Analyse der phobia eines fünfjährigen knaben, G.W. VII）

ことに注意を促している。

> このデッサンはすでに象徴への途上にありました。なぜなら，他の部
> 分は細い線で描かれ，脚もみな適切な位置に置かれていますが，こ
> のキリンに描き加えられたおちんちんだけは図式的なものであり，
> 一つの線であり，おまけに，我々がそれに気づかないことがないよ
> うに，キリンの身体から離されているのですから（Lacan, 1994;
> 264）。

　すなわち，ハンスはこれらのやり取りを通して，〈他者〉を内包する布置の
下に自らの存在を位置づける契機を掴み，上述のような発達を育んでいった
と考えられるが，そうした契機は自らと社会との繋がり（想像界から象徴界
への移行）を描き出すことによって導かれているのである。ハンスにとって，
キリンがそれ自体紋章学的形象としてあり[註3]，またそれが馬のシニフィアン
と密接に結びつくものでもあることを鑑みるならば，ここに原住民の顔面装
飾と同様の意義を見出すこともできるだろう。我々は，彼らと同じく，自ら
を人間として再認していく上で，主体と社会との繋がりを描き出すことを必
要とするのである。

IV．臨床的検討

（1）神経症圏の子どもの事例

　次のような臨床例においても，こうした問題の意義を認めることができる
だろう。この事例は，ある4歳女児のものである。家族構成は，父，母，姉，
本児，妹の5人である。本児は，「妹が生まれたばかりで，あまり手をかけて
あげられず，どうしても厳しくしてしまう。良い子にしているのは無理をし
ているからではないか」と心配した母に伴われて，筆者のもとを訪れた[註4]。
やや元気がない様子であったものの，特に目立った症状はなかったことから，

註3）「ハンスは，ベッドの上にキリンと象を描いた絵を描けていた」（Freud, G. W.
　　VII; 274）。すなわち，キリンは自然の中のイメージではなく，人間の手で描かれた
　　イメージであり，そこには神話や民間伝承の断片によって歴史化されるものとしての
　　歴史的前提が含まれているのである（Lacan，1994; 400）。
註4）相談を受けた場は，さまざまな理由により幼稚園に入園しなかった子ども達が通
　　う所（幼児教室）であった。筆者はそこで，子ども達に心理的な問題が生じた際，援
　　助を行う役割を与えられていた。

治療という枠組みではなく，一緒に遊ぶという形で描画セッションを行った。ここで紹介する一連の描画は，そのような描画セッションの中で生み出されたものである。

［1枚目］
　母と別れて面接室に移動した後，子どもは自発的に1枚の絵を描き始めた。静かに見守っていると，しばらくして描き上げ，「これ，太陽。太陽が大好きなの」と言った（図7-3）。そして，「先生も一緒に太陽を作ろうよ」と誘ってくれたため，筆者は「いいよ」と答え，新しい紙を取り出した。

［2枚目］
　子どもは「青で描くの」と言い，筆者に青色のクレパスを渡し，一緒に描くように促した。子どもは初めに青い楕円を描いた後，内部を塗りつぶして周りに線を引いた（図7-4）。その太陽が1枚目の太陽と異なり「青い太陽」であったことに興味を持った筆者が，「他に好きなものはあるの」と問いかけると，子どもは「うん，押し入れ」と答え，「押し入れには，色んなものが入っているんだよ」と教えてくれた。そこで，「その押し入れはどんな押し入れなの？」と問いかけながら，さっと紙を引き，新しい紙と交換した（ここから「描画連想法」に切り替わっている）。

［3枚目］
　子どもは，「押し入れには，子どももいるんだよ」と言いながら，2本の線と子どものようなものを描いた。そして，「これが，鉄棒。こうやって子どもが掴まっているの」と教えてくれた（図7-5）。そこで，「他は，どうなって

図 7-3　1 枚目

図 7-4　2 枚目

いるのかな？」と問いかけながら，さっと紙を引き，新しい紙と交換した。

［4枚目］

　子どもは，「パパと一緒に鉄棒をしているの」と言いながら，鉄棒をしている人（図7-6下側）を描いた。続けて，「先生にも，どうやって作るのか教えてあげようか」と言ったので，筆者は「ありがとう。じゃあ，教えてもらおうかな」と答えた。すると，子どもは，「こうやって線を引いて，これが目，これが口」と説明しながら，筆者と共に，鉄棒をしている人（上側）を描いた。そして，「これ（下側）が私で，これ（上側）がパパ」と教えてくれた。そこで，「他には，何かあるのかな？」と問いかけながら，さっと紙を引き，新しい紙と交換した。

［5枚目］

　子どもは，右側に虫のようなものを描いた後（図7-7），「これ，クワガタ。死んじゃったの。でもね，また土を掘って，持って帰ってきて，育ててあげれば，生まれるの」と説明しながら，その左側にもう一匹の虫のようなもの

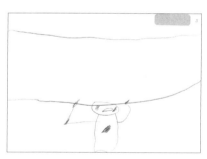

図7-5　3枚目

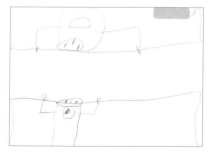

図7-6　4枚目

図7-7　5枚目

を描いた。そして，「これが，赤ちゃん」と教えてくれた。続けて，子どもが「先生も，クワガタを一緒に作ろう」と誘ってくれたので，さっと紙を引き，新しい紙と交換した。

［6枚目］

子どもは，クワガタを4匹描きながら，「これ，パパ（一番右），お姉ちゃん（左から2番目）。これがママ（一番左）。そして，赤ちゃん（右から2番目）」と言った（図7-8）。筆者が，「みんな笑っているんだね」と促すと，子どもは，「そう，みんな仲良く暮らしているの」と答えた。そこで，「他には，何かあるのかな？」と問いかけながら，さっと紙を引き，新しい紙と交換した。

［7枚目］

子どもは，「今度はカブトムシを作ろう」と言い，お兄ちゃんカブト（上側，左から1番目）を描いた（図7-9）。しばらく沈黙した後，その右隣に小さなカブトムシ（上側，小さな形のもの）を描き，真剣な様子で「赤ちゃんが泣いているの」と言った。筆者が，「どうして泣いているの？」と訊ねると，子どもは，「ママがどこかに行っちゃったから」と答えた。「そうなんだ」と応じると，子どもはまた沈黙し，しばらくして，「これ，パパ（中央，丸い形のもの）」，「これ，お母さん（右上）」と説明しながら，それぞれを描いた。さ

図7-8　6枚目

図7-9　7枚目

図 7-10　8 枚目

らに,「ヘラクレスオオカブト（下側, 左から 1 番目）を作ろう」,「赤ちゃん（下側, 左から 2 番目）も作ろう」,「アフリカカブト（下側, 左から 3 番目）を作ろう」,「赤ちゃん（下側, 左から 4 番目）も作ろう」と言いながら, それぞれを一気に描き上げた（図 7-9）。そこで,「その後, 赤ちゃんはどうなったの」と問いかけながら, さっと紙を引き, 新しい紙と交換した。

［8 枚目］
　子どもは,「足が伸びて, 大きくなったの」と言いながら, 足の伸びた赤ちゃんを描いた（図 7-10）。
　ここで, 描画セッションを切り上げた。

　このセッションを境にして, 子どもは妹が加わった新たな家族の中で, 元気に過ごしていけるようになった。これ以降, 特に目立った問題が生じたという話は聞いていない。

（2）事例の考察——社会的な線構成が身体に凝縮して再構成されること

　一連の描画には, ハンスが直面したものと同様の, 新たな同胞の誕生に伴う, 自らの存在の問い直しの問題が凝縮された形で表現されていると言えるだろう。最終的に描き出されることになった「足が伸びて大きくなった赤ちゃん」は, 言語的主体として生まれ変わるという意味において, 自らの存在の再構成を引き受け始めた子ども自身の姿でもあると考えられるが, そうし

た再構成の流れはどのように促されていったのであろうか。

　先に確認した通り，〈他者〉を内包する布置を介して自らの存在を位置づけ直すこと，すなわち，「象徴的秩序の問いは，子どもにおいて，『父とは何か』という問いの形で出現する」(Lacan, 1994; 398)。この点を踏まえるならば，1枚目（図7-3），2枚目（図7-4）を描き終えた後，筆者の「他に好きなものはあるの」という問いかけに対して，子どもが「うん，押し入れ」，「押し入れには，色んなものが入っているんだよ」と答え，父と一緒に鉄棒をする絵を描くに至ったことの意義に気づかされるだろう。子どもと太陽（母）との双数的な関係に裂け目をもたらすかのように，筆者が「主体と言語との関係を問い直そうとする反復性のリズム」[註5]に合わせて紙を交換し，自らを区切りとして体現する中で，子どもは「太陽を作ろう」という言葉を発しながら，暖色の太陽を青の太陽へと描き替え（物の殺害），父を介して〈他者〉との関係から自らを位置づけ直そうと試み始めている[註6]。ここに，子どもの想像界から象徴界への移行の問題を認めることができると考えられるのである。

　象徴界によってできた裂け目としての「押し入れ」の中で，父と共に必死に鉄棒に掴まっている子どもの様子は，そうした移行がまだ萌芽的な段階にあることを，また，鉄棒は，象徴的秩序（シニフィアン）の網の目を示しているのかもしれない。いずれにしても，この時を境に，後に見るようなさまざまな変化が生じている点を踏まえるならば，本事例においても主体と社会との繋がりを描き出すことが，子どもの発達を促す重要な契機としてあることを示唆していると言えるだろう。

　また，ハンスがキリンの幻想について語る中で，くしゃくしゃの紙という，ついに象徴へと還元された母に跨っていたことを思い出してみよう。本事例の子どもも，上記の移行に際して，「先生にもどうやって作るか教えてあげようか」と言い，その後「こうやって線を引いて，これが目，これが口」と筆者にその描き方を説明している。これは，ハンスが行ったような象徴的ポジションを占有してみせる身振りと同じものであると理解できるのではないだろうか。子どもの発達を促す契機においては，主体と社会との関係の描出に加えて，こうした描画を取り巻く身振りもまた観察される可能性があるので

註5）詳細については，第6章を参照のこと。
註6）子どもが「描こう」ではなく，「作ろう」と語っている点に注意したい。この点は，子どもが人間の生活にとっての象徴界の働きを自ら作り出して理解したことを示していると考えられる。

ある。

　では，このような契機によって促された主体の再構成の問題は，5 枚目（図
7-7）以降どのように展開していったのであろうか。母によると，子どもは図
鑑を見ることが好きであったという。そのことを反映するかのように，クワ
ガタやカブトムシなど，多くの昆虫が子どもの幻想と重なる形で描出されて
いる。例えば，5 枚目における死んだクワガタ，そして生まれ変わったクワ
ガタの赤ちゃんは，想像界から象徴界への移行に伴い失われることになった
子ども自身の存在欠如（失われた対象）が，在不在交代の原則（新宮, 1988）
に基づき描き出されたものとして理解できるだろう。それはまるで，ハンス
が複製という形で母の換喩を作り出したかのようでもあり，さらに，赤ちゃ
んの誕生を巡るクワガタやカブトムシの家族のやり取りの様子からは，子ど
もが「自分は〈他者〉に何を欲望されて生まれてきたのか」という問いに対
する答えを見出そうとしている様子が窺える。〈他者〉との関係において自身
の存在を位置づけることは，〈他者〉の欲望をもとに自らの欲望を立ち上げ
ていくことでもあるからである（牧瀬, 2015）（6 枚目（図 7-8）において，
子ども自身が赤ちゃんと重ね合わされて描出されている点に注意したい）。

　また，興味深いことに，こうした流れと並行して描き出されている昆虫の
種類が，ヘラクレスオオカブトやアフリカカブトなど，世界と繋がりを持つ
ものへと次第に広がっており，より細かな分類を意識した上でそれぞれが描
き出されている。この点は，何を意味しているのであろうか。

　レヴィ＝ストロースは，原住民の顔面装飾には主体が属する社会の関係が
表現されていると述べるとともに，そこでの規則が民族村落の平面図におい
ても認められると指摘している（Lévi-Strauss, 1955; 226）。すなわち，顔
面装飾を描き出すということは，民族村落の平面図（図 7-11）に代表される
ような社会的な線構成を，身体に凝縮して再構成することでもあり，それに
よって原住民は自らを再認するに至るのである。さらに，ラカンは，このよ
うなレヴィ＝ストロースの考え方を踏まえつつ,「恐怖症が不安の点の前方に
構築されるものとしてある」という意味で，フロイトが用いている「防御建
造物（Schüzbau）」,「前哨建造物（Vorbau）」という言葉への注目を促すと
ともに，ハンスの症状と自宅の周辺地図（図 7-12）を照らし合わせながら，
その症状の分析を進めている（Lacan, 1994; 313）。先に確認したように,ハ
ンスは，恐怖症の症状を介して，自らを言語的主体として位置づけ，世界を
再構造化していったが，それは，地図として表されるようなハンスを取り巻
く社会的な線構成を引き受け，それをもとに自らの歩みを進めていくことで

図 7-11　民族村落の平面図（出典：Lévi-Strauss（1955）*Tristes Tropiques*. 川田順造訳（1977）悲しき熱帯（上）．中央公論社．）

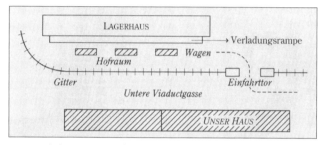

図 7-12　ハンスの自宅の周辺地図（出典：Freud, S.(1909)Analyse der Phobie eines fünfjährigen Knaben, G.W. VII.（総田純次訳（2008）ある五歳男児の恐怖症の分析［ハンス］．フロイト全集 10．岩波書店．）

　もあったのである。

　これらの点を踏まえるならば，本事例における上記のような試みもまた，同様の観点から捉え得るのではないだろうか。ヘラクレスオオカブトやアフリカカブトが掲載された図鑑は，子どもが家族，さらには日本を超えて世界と繋がる社会的な線構成を見出せる場であり，そうした線構成を，描くことを介して身体に凝縮して再構成することが，より子どもの発達を促すものとしてあると考えられるのである。

　主体と社会との繋がりを描き出すことから始まり，5枚目以降のこのような変化へと続く一連の「描くこと」を巡る流れを捉えつつ，主体の再構成を促していくことの意義を，本事例は示していると言えるだろう。このような形での象徴界の導入によって，子どもは，子どもが生まれたり，母がどこかへ行ってしまったりするという現実世界の出来事をこれまでとは違った形で

経験できるようになり，また，そのことが母の子に対する心配を拭い去って
くれるものとなったのである。

（3）発達障害圏（自閉症スペクトラム障害）の子どもと社会との繋がり方

　これまで，神経症圏の子どもの事例の検討を通して，主体と社会との繋がり
を描き出すことによっていかに子どもの発達が促されるかを確認してきた。
最後に，発達障害圏の子どもの事例において，こうした問題がどのように現
れてくるかについて簡単に触れておきたい。

　筆者は，自閉症の子どもと1本の線を引き合う関係の中で，主体と言語と
の関係を結び直し，新たな主体の構造化を促す試みを実践している。それは，
初めに筆者が1本の縦線を「シュー」と言いながら引いた後，「同じように真
似してやってみて」と促し，子どもにも縦線を引いて貰うという簡単なもの
である。しかし，子どもの内なるリズム（主体と言語との関係を問い直そう
とする反復性のリズム）を掴むことなく促しても，決してうまくはいかない。
どんな子どもにも内なるリズムがあり，そのリズムをうまく捉えられた瞬
間（子どもの中で幻想が切り替わる瞬間）に，「シュー」と線を引くと，子ども
は自ずと線を引き始めるようになり，それを繰り返す中で，1本の線が予想
もしていなかった繋がりを生んでいくのである。そうした試みは，本論にお
ける「主体と社会との繋がり」を作り出すものでもあると言えるが，その展
開はこれまで見てきたような神経症圏の子どものそれとはまた異なる形で促
されるように見える。

　例えば，ある自閉的な傾向を有する3歳の男児（言葉を発することはほとん
どなかった）は，当初1本の線を何本か引くのみであったが，次第にそれら
の線を組み合わせて，地図のようなものを描き出すようになっていった（図
7-13）。その変化はとても緩やかなものであり，同じ形をした地図のような
ものが生み出されては，紙を取り替え，再び同じようなものを描くというこ
との繰り返しであったが，筆者はその様子を楽しみながら，子どもと一緒に
線を引くことを続けていった（図7-14）。

　すると，不思議なことに，それまでは筆者が子どものリズムに合わせるだ
けであった関係が，子どもが筆者のリズムに少しずつ合わせるような関係へ
と変わり始め，子どもの表情にも楽しさが見出されるようになった。それに
伴い，地図のようなものがより広がりを見せるようになり，ある時突然，「シ
ュー」という言葉の発声とともに，目のような2つの丸が描き出されたので
ある（図7-15）。それは，子どもが〈他者〉との関係を初めて描き出した瞬

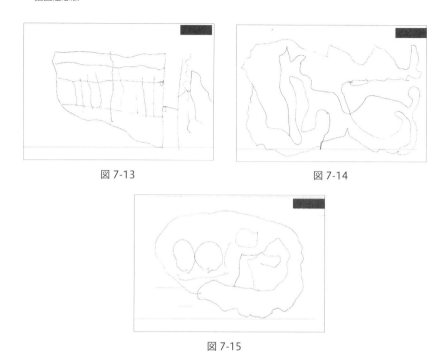

図 7-13   図 7-14

図 7-15

間であったと言えるが，これ以降，（エコラリアの傾向が見られたものの）子どもの発する言葉が徐々に増え，日常生活における他者との関わりにも変化が見られるようになっていった。

　ラカンは，クラインのディック症例（Klein, 1930）を分析する中で，自閉症であったディックが「言語を使うのはまさに拒絶症的な仕方でのこと」（Lacan, 1975; 98）であるとして，自閉症者が言語に直面しているにもかかわらず，その言語を拒絶している状況にあることを示唆するとともに，ディックがいかなる呼びかけも発さず，それによって自らを言語の中に据える体系（＝パロールの座としての絶対の〈他者〉を内包する布置）がパロールの水準で中断されてしまっていることに触れながら，次のように述べている。

　　パロールが彼には到来しません。彼の想像界には言語が結びついておらず，その領域も極めて狭いものです。例えば汽車やドアの把手や暗い場所などしか意味を持ちません。彼の表現能力――それはコミュニケーション能力ではありません――はそれらのものに限られています。彼にとって，現実界と想像界は同等のものとしてありま

す（Lacan, 1975; 99）。

　すなわち，パロールの水準での中断は，ハンス症例で認められたような想像界と象徴界の結びつきを促すことがないため，ディックの想像的機能は貧しいままに留まり，捉え得る現実も限られたものとなっていたのである。

　こうしたことから，発達障害圏の分析においては，自閉症者が〈他者〉の領野に入ることを拒絶している（＝原初的なシニフィアンに専心している）部分を常識に囚われずに生かしつつ，新たな形で〈他者〉との繋がり（結び目）を作っていくことが重要となるが，本事例における，線を引き合ってはそれらを繋げ，地図のようなものを作っていく試みは，子どもと〈他者〉との固有な繋がりを導き，その結果発達が促されるに至ったのであろう[註7]。

　この点を踏まえるならば，発達障害圏の子どもの場合においても，やはり主体と社会との繋がりを描き出すということが，その発達を促す上で大きな意味を持っていると言えるのではないだろうか。そして，神経症圏，発達障害圏のいずれの場合においても，主体と言語との関係を問い直そうとする反復性のリズムを聞き取り，そのタイミングを見極めながら介入することが，その展開をより効果的に推し進めることを可能にすると考えられるのである。

V. 描画が主体と社会をつなぐ役割を果たすとき

　以上，フロイトのハンス症例や，神経症圏・発達障害圏の子どもたちとの描画連想法の事例の検討を通して，いかに臨床描画が主体と社会をつなぐものとしてあるかについて考察した。

　結果，原住民が顔面装飾を介して自らを人間として再認していたのと同様に，我々は，症状に内在するシニフィアン的含意に満ちた「紋章学的形象」を介して，社会との繋がりを確認し，自らの存在を位置づけようと試みていることが分かった。また，〈他者〉を内包する布置の下，そのようにして自ら

註7）ウィニコットは，紐に強いこだわりがある男児の分析事例を考察する中で，紐の持つ意味について次のように述べている。「紐は，あらゆる他のコミュニケーションの技巧の延長と見なすことができる。紐は結びつける。そしてまた，いろいろな対象を包んだり未統合な素材を抱えたりするのにも役立つ。この点において，紐は誰にとっても象徴的な意味をもっており，誇張されたかたちでの紐の使用は，非一安全感の始まりやコミュニケーションの欠如の観念から生じてきやすい」（Winnicott, 1965; 156）。本事例における子どもと線との関係を，このような紐に関する考え方をもとに検討することもできるのかもしれない。この点については，今後の課題としたい。

を人間として再認していく契機をもたらすものとして，主体と社会との繋がりを描き出すことがあると考えられた。

　さらに，描画連想法の事例を検討することで，上記の知見の有効性が示唆されるとともに，主体と社会との繋がりを描くことによって生じた流れが，社会的な線構成を身体に凝縮して再構成する動きを引き起こし，結果的に主体の再構成＝発達が促されるとする一連の過程が存在していることが確認された。また，発達障害圏の子どもと〈他者〉との関係は，神経症圏の子どものそれとは異なるものの，主体と社会との繋がりを描き出すことが，子どもの存在の再認とその発達を導くものとなるという点では同じであると考えられた。

　臨床描画が主体と社会をつなぐ役割を果たすとき，主体の再構成，そして発達が促されるに至る。描画を用いた臨床（描画連想法の実践）においては，この点を意識しつつ，その治療の流れを把握していく姿勢が求められるのである。

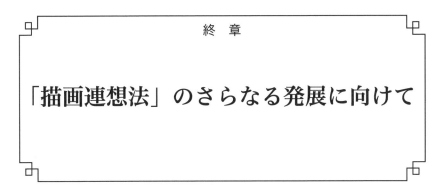

終　章

「描画連想法」のさらなる発展に向けて

　これまで,「描画連想法」の基礎から応用までを解説してきた。最終章である本章では,各章から得られた結果をまとめ,「描画連想法」の方法論を明らかにするとともに,「描画連想法」のさらなる発展に向けて考えられることを示してみたい。

I. 各章で得られた結果とまとめ

　第1章では,「描画連想法」の方法と理論的基盤について,事例を取り上げながら説明した。描画を用いて治療を進めていく際には,Cl の語りの中に見出される「関係性」を手掛かりに,Cl が無意識の欲望をどのような形で表現しようと反復しているかを考慮しながら「きく」ことが重要である。それは,構造論的な精神分析の解釈に基づき描画を解釈していく試みでもある。描かれたものは,それ自体で意味を有するわけではない。描かれたものを取り巻く「関係性」の中でこそ初めてその意味を獲得する。そのため,意味を越えた地平において Cl の語りを「きく」ことにより,初めて Cl の無意識が欲望しているものを精確に捉えていくことができるのである。また,「描画連想法」には,紙の交換という形の「区切り」が存在する。描画を通して語られる語りを「きく」ときに,「区切り」は句読点の役割をする。句読点を打つことにより,初めて新たな意味が浮き上がり,そこから自らを捉え直していくことが可能となる。「区切り」は主体の「生」を区切り,自らもまた「死」する存在であるという気づきを生み出していく。「区切り」によって,人間は自らを時間的存在であると認識していくことになるのである。

　第2章では,「描画連想法」の実践が「我々はどこから来たのか,我々は何者か,我々はどこへ行くのか」の問いに代表される,人間が抱える根源的

苦悩とどのように結びつくものとしてあるかについて，トポロジーの観点を取り入れながら検討した。「描画連想法」の実践は，主体にとっての「誕生」や「死」の問題と密接に結びつきながら展開され，その治療的転回点は，主体が「我々はどこから来たのか，我々は何者か，我々はどこへ行くのか」の問いに答えることの不可能性と向き合いつつ，それをもとに自らの存在根拠となる論理を作り上げることを促す形でもたらされる。そして，そうした転回点を導いていくためには，治療者が転移空間の中で，Cl の「I」の座から失墜し，Cl から「a」を分離することが必要となり，その際に，描かれたものだけでなく，描かれたものと結びついた語りの両面を区切る「紙の交換」は，不可能なものそのものとして機能することになるのである。

　第3章では，白隠による禅画の方法とラカン派精神分析の考え方の接点を検討し，「描画連想法」，さらにはその考え方を応用した臨床描画の実践に活用し得る方法について考察した。禅，そしてラカン派精神分析の両者において，問題は自己言及の不完全性の中にあって，我々はいかにして自らの存在を支えるものと関係を持つことができるのかという問いとしてあり，その問い自体が孕む「不可能性」との関係をもとにした主体の再構成を成し遂げる方法の模索に，その重点を置いている。また，『布袋図』において白隠がメビウス環を用い，主体と「不可能なもの」との関係を浮かび上がらせようとした姿勢が，まさにラカンが言語的主体と「不可能なもの」との関係をメビウス環という構造の中に見て取ろうとした姿勢と同じものであり，両者ともにメビウス環の穴＝「空」の場を介して，集団の「一」と個々の人間の「一」を繋ぐような「一の線」と主体との関係の再構成を促すことに意義を見て取っていることが明らかとなった。さらに，臨床例の検討を通して，これらの接点が，我々の描画を用いた臨床実践に転機をもたらすものとしてあることが示唆された。そうした転機を導くに当たっては，要求の次元でのやり取りは控え，主体に欲望の次元を拓く場＝「空」の場を創設していく姿勢が治療者に求められる。また，その際，描かれたものを意味として見るのではなく，描かれたものの構造に注目し，そうした構造と描く際に語られた言葉がどのように関係しているかを聞き取ることで，意味を超えた次元で主体が何を欲望しているのかを読むことが可能となるのである。

　第4章では，日本における描画と文字の関係性を，かつて両者の接点としてあった「葦手」を導きの糸として，ラカン派精神分析の観点を援用しながら考察した。葦手は，歌や経句を絵画化，装飾化して伝えるものであっただけでなく，先人たちが日本独自の文字としての仮名文字を介して自らの存在

を位置づけようとした際に，不可避的に抱えることとなった個別的な生との繋がりの「不可能性」を示すものである。また，文字と描画との曖昧な境界，意味と無意味との間の揺れ動きの中，そうした不可能性をもとに，失われた自己の生の姿を再生産し，主体に対して〈他者〉の欲望との関係を拓くものでもあった葦手，あるいはそれを書くということは，分析における解釈と同じ機能を果たすものであり，それがゆえに，先人たちの存在を支えるものであった。さらに，このような考察内容が，「描画連想法」とどのように結びついているかについて，葦手の「主体の誕生を巡る理論」との繋がりを踏まえながら検討した結果，文字と描画との曖昧な境界を立ち上げるような「文字的なもの」は，葦手と同様の機能を果たすものであり，そうした葦手の痕跡としての「文字的なもの」に意味を超えた形で注目することによって，主体の再構成を促すことができると示唆された。主体と「文字的なもの」との関係を効果的に浮かび上がらせていく際には，「描画連想法」のような主体の語りと描かれたものの両面を区切る方法を用いることが有効となるのである。

　第5章では，臨床事例の検討を通して，描画，夢，症状の関係性を考察し，同時にそれらの関係性を意識しながら治療を進めていく意義を明らかにした。描画を治療に導入する中で，夢分析を並行して行うことは，描画自体の持つ表層的な意味に囚われることなく，Cl が無意識において何を欲望しようとしているのかを知る上で有効な手段となる。表象されたものは，「無意識の欲望」と結びついた「表象されなかった関係性」を隠すために作られたものであり，その点を注意しながら描画を解釈していくためには，主体の語りに注目する必要がある。また，このような観点で治療を進めていくことで，描画が描かれる面接において現れるさまざまな関係性の構造全てが入れ子構造のように反復しながら，主体の抑圧された無意識の欲望を表現する場として構築されていることに気づくことができる。描画という媒体が，Cl と治療者間のさまざまな力動の中で，その役割を変化させつつ隠された関係性を象徴化するために機能し続けるのである。このとき，描画は Cl と社会（＝言語）がいかなる接点を持つのかをも指し示す可能性があり，さらには，夢とは異なり，描画が「もの」として存在していることは，このような関係性を構築していく上で重要な点となる。特に，身体の次元を扱う際，描画の有する「もの」という性質が問題となると考えられ，この点において，事例の中で Cl 自らがもう一度すでに描いた描画を見ることを求めた意義，またそのことから結果的に描画を反復して治療の場で扱うことになった意義は大きかった。

　第6章では，統合失調症の事例の検討を通して，精神病に対する描画を用いたラカン派精神分析的アプローチの方法を考察した。Clの回復過程において，「主体と言語との関係性を問い直そうとする反復性」のリズムを聞き取りつつ，主体の存在の核＝現実界との繋がりを内包する妄想と現実との関係を結び合わせたことや，主体の反復のリズムに合わせて，幻覚的欲望成就を包み込んだ夢と描画（自画像）を重ね合わせ，妄想的隠喩の展開を後押ししたこと（「紙の導入」を以って行う「描画連想法」を施行したこと）が，重要な治療的転回点を生むものとなった。また，Clが自己像を取り返した際の状況を考察した結果，Clが発した「そうです」という言葉やその言葉を用いてのClの応答が，「父の名」の排除を補う形で機能することで，事後的に描画が自画像かつ女性の像として位置づけられ，同時に，主体の構造の構築が促されるに至ったことが明らかになった。すなわち，自画像が女性の像であるという不可能な事態が妄想の形であれ，確保されたがゆえに，主体の構造の構築が可能になったのである。そのような臨床の流れは，「不可能なもの」＝現実界との関係を内包する「内巻きの8」のトポロジーあるいはメビウス環を生成することとして捉え得るものであった。さらに，事例の経過と身体症状の関係性についての検討を行った結果，上記のような形で主体の構造の構築が為されるに当たっては，因果的説明を超えた「もの」＝「不可能なもの」の次元へと一度戻る必要があり，その時に転機としての身体症状が出現することが確認された。描画を用いた治療中に身体症状が出現した場合には，それが主体の構造の問題とどのように結びついているかを検討していくことが求められるのである。

　第7章では，フロイトのハンス症例や，神経症圏・発達障害圏の子どもたちとの「描画連想法」の事例の検討を通して，いかに臨床描画が主体と社会をつなぐものとしてあるかについて考察した。原住民が顔面装飾を介して自らを人間として再認していたのと同様に，我々は，症状に内在するシニフィアン的含意に満ちた「紋章学的形象」を介して，社会との繋がりを確認し，自らの存在を位置づけようと試みている。また，〈他者〉を内包する布置の下，そのようにして自らを人間として再認していく契機をもたらすものとして，主体と社会との繋がりを描き出すことがあると考えられた。さらに，「描画連想法」の事例を検討することで，上記の知見の有効性が示唆されるとともに，主体と社会との繋がりを描くことによって生じた流れが，社会的な線構成を身体に凝縮して再構成する動きを引き起こし，結果的に主体の再構成＝発達が促されるとする一連の過程が存在していることが確認された。発達

障害圏の子どもと〈他者〉との関係は，神経症圏の子どものそれとは異なるものの，主体と社会との繋がりを描き出すことが子どもの存在の再認とその発達を導くものとなるという点では同じであると考えられる。

II.「描画連想法」の方法論

　上記のような各章の結果とまとめを踏まえるならば，「描画連想法」の方法論を次のように定義づけることができるだろう。

「描画連想法」とは，

①描画を「きく」ことを重要視する
②構造論的に描画を捉える
③「紙の交換」という形で，解釈としての区切りを入れ，主体にとっての対象 a（＝根源的に失われた対象）を浮かび上がらせる

という方法で，主体に論理的関係性を導入し，その再構成を促すものである。実施に際して，対象の把持が紙を変えても次々と別の対象となって現れ，またその繰り返しの中で主体の再構成が可能となる点を踏まえるならば，「描画連想法」はフロイトの対象把持の考え方を受け継ぐものであり，その適用範囲は基本的に精神分析を実施できる病態（神経症圏）に限られると言える。

　しかし，紙の交換に代えて，紙の導入（以前の面接で描かれた絵を，治療の流れに合わせて再度取り扱うこと）を介して主体が対象を把持できるように促す方向で用いるならば，精神病圏の病態にも適用可能なものである[註1)]。

　精神病構造の主体の治療に「描画連想法」を用いる際のポイントとしては，次のようなものがあげられる。

①主体の無意識の拍動＝主体と言語との関係性を問い直そうとする反復のリズムを聞き取りつつ，主体の存在の核＝現実界との繋がりを内包する妄想と現実との関係を結び合わせる
②主体と言語との関係性を問い直そうとする反復のリズムに合わせて，幻覚的欲望成就を包み込んだ夢と描画を重ね合わせ，妄想的隠喩の展開を

註1）フロイトの対象把持の考え方を受け継ぐ描画療法としては，「描画連想法」の他，スクィグル，スクリブルがある。3者の関係性については，補論1を参照のこと（牧瀬，2022）。

　　後押しする

③紙の導入を介して，意味喪失系列から意味獲得系列への転換を導く「主
　体の対象把持の再獲得」を促す（「不可能なもの」＝現実界との関係を支
　えるメビウス環のような主体の構造を構築する）

④「主体の対象把持の再獲得（主体の構造の構築）」が為されるに当たって
　は，因果的説明を超えた「もの」＝「不可能なもの」の次元へと一度戻
　る必要がある。そうした転機に出現する身体症状に注意を払う

　また，いずれの場合においても，描画空間をトポロジー的に捉え，そこで
起きていることを理解していくことが有効になるだろう。そうすることで，
Cl－治療者間の転移の問題も適切に把握しつつ，治療を進めていくことが可
能になる。「描画連想法」の実践は，主体にとっての「誕生」や「死」の問
題と密接に結びつきながら展開され，その治療的転回点は，主体が「我々は
どこから来たのか，我々は何者か，我々はどこへ行くのか」の問いに答える
ことの不可能性と向き合いつつ，それをもとに自らの存在根拠となる論理を
作り上げることを促す形でもたらされるが，そうした転回点を導いていくた
めには，治療者が描画空間内の転移状況において，Clの「Ｉ」の座から失墜
し，Clから「a」を分離すること，要求の次元でのやり取りを控え，主体の
欲望の次元を拓く場＝「空」の場を創設していくことが求められるのである。
　序章で確認したように，「絵の目的と効果は表象の領野ではなく，表象の
外にある」。人間は対象の表象を介して，見えるものの領野では決して見る
ことのできない「自分自身を根源的に決定づけるもの」＝眼差しとの関係を
出会い損ねる形で垣間見ようとするのである。そのような出会い損ねの瞬間
は，対象aの出現と消失，無意識の開閉と結びついており，「主体がシニフィ
アンとともにまさに分割されたものとして生まれるその時を刻む」無意識の
拍動をいかに捉えて介入するかが，主体と言語との関係の再構成を促す上で
重要となる。
　「描画連想法」は，まさにその瞬間を捉えては区切る（「紙の交換」），ある
いは結びつける（「紙の導入」）形で，主体が自らを時間的存在として位置づ
け直す，あるいは，自らの存在根拠となる論理を創造する契機を促す方法で
あると言えるのである。

III. 「描画連想法」のさらなる発展に向けて

　以上，各章から得られた結果をもとに，「描画連想法」の方法論をまとめ
た。最後に，「描画連想法」のさらなる発展に向けて考え得ることを少し示
しておきたい。その方向性としては，大きく２つに分けることができるだろ
う。

（１）「描画連想法」の考え方を描画テストに応用する

①家族画を読み解く
　第一は，「描画連想法」の方法論をどのように描画テストの実践に応用で
きるかについてである。序章で取り上げたバウムテストの例に見て取れるよ
うに，「描画連想法」の考え方は，描画テストの理解や解釈，さらにはその
治療的側面を促進していく上でも大変有用なものである。それは，「家族画」
の場合でも同様である。
　例えば，図 8-1 は，20 代の摂食障害の女性（以下，Cl と記す）が描いた家
族画である。「家族という題で絵を描いて下さい」との教示のもとに描かれた
絵は，かつて実際にあったとされる「飼い犬が亡くなる２時間前の状況」を
表したものであり，左側の人物が Cl，右側の人物が母，その胸に抱かれてい
るのが亡くなった飼い犬であった。家族構成は，父，母，長兄，次兄，本人
の５人であったが，この時，父と２人の兄は家にいなかったという。Cl は母，
飼い犬，本人の順番でそれぞれを描いたが，自分の姿の輪郭を描くことに困
難を感じており，何度も描いては消すことを繰り返していた。また，画面上

図 8-1　20 代の摂食障害の女性が描いた家族画

部の黒く塗りつぶされたものはカーテンで，その下に描かれた時計は「飼い犬が亡くなる2時間前の10時を指している」とのことであった。

　一般的な家族画解釈の方法に従うならば，本人の像よりも早くかつ上方に母の像が描かれていることから，Cl の母への強い執着や同一化の願望が，また，父や兄が省略されていることから，彼らに対する無意識的な否定，さらには彼らと自分との間にある問題を Cl が消し去ろうとしていることが見て取れるだろう（石川，2003）。確かに，このような解釈は家族間の関係性を浮かび上がらせ，そこに変化をもたらしていく上で有効なものであるが，同時に，「描画連想法」の考え方を援用することで，また異なる繋がりが見えてくるのである。

　家族画を描く前，Cl は「綺麗な人になりたいという思いは昔からあった」，「昔，母の白いシャツと紺のスカートを穿いて電車に乗った際に，痴漢に遭ったことがある」，「自分を出し過ぎると，変な男性が近づいてくる可能性があるので恐い」など，女性らしくあることに対する憧れと葛藤，そして男性に対する恐怖について話した。また，描画後，Cl は上記のような描画内容に関する説明を行う中で，「大事なものを描き忘れていた。これが，母の心臓，私，いや，○○（飼い犬の名前）の心臓，私の心臓，痛みを共有している」と言いながら，母，本人，飼い犬の像にハートのマークを描き加えるとともに，この時（飼い犬が亡くなった時）を境に，Cl と母の双方が精神的に不安定になっていったと語った。

　こうした語りの流れを踏まえるならば，序章におけるバウムテストの例と同様に，家族画を介して，対象の「消失・出現」が反復して表現されていることが分かるだろう。電車には男性がいるが，絵の中に男性（父や兄）はいない。そうしたものを補うかのように，ハートマークとしての心臓のシンボルが描かれている。また，この家族画のテーマそのものが，飼い犬が亡くなる2時間前の10時の光景となっており（死を印づける時計），亡くなった飼い犬が描かれている。これらの対象は，いずれも欠如を成すものとしてのファルスの象徴（＝対象 a）であり，そうしたものとの関係の位置づけ難さが，Cl の身体イメージの混乱や精神の不安定さを引き起こしている様子が，ここから見て取れるのである。さらに，ハートマークを描く際の，自分と飼い犬を混同する形での Cl の言い間違いや，飼い犬の死が Cl と母の両方の精神の不安定さを生む結果となっている点からは，飼い犬＝Cl の関係が，そして，飼い犬の亡くなる2時間前を描いたこの絵そのものが，「母のファルスである Cl」（＝母に抱きかかえられた飼い犬）と「Cl がファルスを介して生きるこ

と」（＝飼い犬の死を受け入れ，生きていくこと）との移行の問題を示していることが分かるだろう。

このように，「描画連想法」の考え方を応用しながら家族画を読み解くことで，従来の解釈によって浮かび上がってくるものとは異なる関係性が見えてくる。すなわち，家族においてファルスを巡る関係がいかにして幻想され，また，そうした関係をもとに社会との繋がりが構築されているかが，そこに表れてくるのである。

②複数の描画テストを同時に実施した際の捉え方

「描画連想法」の考え方は，複数の描画テストを同時に実施した際の捉え方にも応用可能であろう。

周知の通り，描画テストにはそれぞれ表現しやすい内容がある。例えば，バウムテストでは被検者の無意識の自己像が，家族画では被検者の家族関係がより表されやすいと言われている。このため，アセスメントする内容に合わせて，描画テストの種類を選択することが大切になってくる。また，時には複数のテストを同時に実施し，Cl の状態を多面的に検討していく場合もあるだろう。その場合，各描画テストの特徴を生かしつつ解釈していくことが求められるが，「描画連想法」の考え方を取り入れるならば，また異なる形で解釈を行っていくことが可能となる。すなわち，それぞれの描画を貫いて反復し，構造化しているものに目を向けていくのである。

例えば，図 8-2 は，図 8-1 を描いた Cl が，家族画と同時に描出したバウムテストである。描画中，Cl は何度も木の根元を描いては消すことを繰り返していた。それは，家族画を描く際の「自分の姿の輪郭を描くことの困難」と重なるものであったが，木の根元が「過去，家族，社会に根づく自我の安定性の程度」であることを思い出すならば（Koch, 1952），Cl が身体イメージに混乱を抱えているのは，家族との関わりの不安定さ，さらには家族を支えるものの分からなさ（＝欠如を成すものとしてのファルスとの関係の位置づけ難さ）にあると解釈できるだろう。

さらに，描画後の質問の中で，Cl はこの木が「りんごの木」であると答えるとともに，「幼い頃に母に手を引かれながら見た木を思い出す。駐車場の隅にポツンと生えていたその木を見て，子どもながらに『食べ物なのに寒いな』と思った」と語った。ここでも，父や兄は不在であり，そのことが，母子関係の両価性（「食べ物なのに寒いな」）に影響を与えていることが窺える。そうした関係性は，家族画における母と飼い犬＝ Cl のそれと相同的であると言

図 8-2　20 代の摂食障害の女性が描いたバウムテスト

えるのではないだろうか。

　このように，それぞれの描画を貫いて反復し，構造化しているものに目を向けていくことで，一つの描画テストを介して反復しているものに着目するだけでは捉えきれない部分を補完しつつ，Cl の問題を理解していくことが可能となるのである。このような方法を導入することで，これまであまり検討されてこなかった，複数の描画テストを同時に実施する際の横断的検討の意義に光を当てていくことができるのかもしれない。

③フラクタルの観点から描画を捉える

　ラカンは，クレランボー Clérambaul, G. C. の「小精神自動症（要素現象[注2）]）」の概念を踏まえつつ，1 本の樹木の構造（全体）が，1 枚の葉脈の構造（部分）に再現されているという観察をもとに，「妄想は妄想を構成する力自体を再生産する」（Lacan, 1981; 28）と述べている。すなわち，ラカンの述べる構造とはフラクタル的で，分割不能な自己相似的な構造のことであり，快原理を越えて

註2）要素現象とは，「元々はヤスパース Jaspers, K. が精神病における原発的体験を指して使用していた用語であるが，彼の影響を受けてラカン Lacan, J. が概念化した」ものである。「主として精神病の初期段階に生じる言語性幻覚，妄想的解釈のことを指し，クレランボー Clérambault, G. の小精神自動症の諸症状や，記述精神医学でいう原発性の了解不能な妄想知覚，妄想着想を含む」。例えば，「意味不明な音の連なりからなる他者性を帯びた他者性を帯びた言葉（シニフィアン）が患者の頭に押しつけられるといった現象がこれにあたる」（松本，2011; 1041）。

反復されるものであるが，このことは第5章で，「描画が描かれる面接における語りの構造（描画に関する注釈や意見を含む），描画の全体的な構造，描画の細部の構造が入れ子構造のように反復しながら，主体の抑圧された無意識の欲望を表現しようとしている」と指摘したことと重なり合うものであろう。そのように，「描画連想法」の考え方に基づきフラクタルの観点から描画を捉えていくことができれば，描画テストの理解をより深めることができるのではないだろうか註3）。

　例えば，ラカンはレオナルド・ダ・ヴィンチ da Vinci, L. に関するフロイトの考察を踏まえつつ，その作品について，次のように述べている。

　　自然を前にしたレオナルド・ダ・ヴィンチの位置は，次のような他者との関係にある位置です。つまり，主体ではなく，その歴史，記号，分節化，パロールを推論し，その創造的な力を把握することが問題となる他者です。要するに，この他者は，絶対の〈他者〉の他性という根源的な性質を，ある種の想像的同一化によって接近可能なものへと変形しているのです。この他者こそ，フロイトが参照しているロンドンのデッサンの中で，考察対象になっているものであることをおわかりいただきたいと思います。この絵においてフロイトは，聖アンナと聖マリアを分かちがたくしている身体の錯綜をひとつの謎として指摘しています。確かにそれは謎に満ちた錯綜を示しています。ロンドンのデッサンの位置を少し入れ替えると，ルーブルの絵になりますが，ルーブルの絵では，聖アンナの両脚は，聖マリアの両脚がデッサンでより自然な仕方でほとんど同じ位置にあったところにあり，聖マリアの両脚は明らかに聖アンナの両脚があったところにあることにお気づきになると思います。つまり，これが一種の二重身であり，ルーブルの絵で，二つの相が前後に切り離されたということに疑いはありません。ロンドンのデッサンでは，子どもが，母の腕をマリオネットであるかのように延長し，その中にそれを動かしている腕があるように見えることも印象的です。しかし，その横に，もうひとりの女性が――どちらの女性かは判然としませんが――子どもの横で人差し指を上に上げていることに注意して下

註3）この点に関して，新宮は絵画におけるフラクタル的反復運動と絵画の中への因果性の導入との関係を指摘している（新宮，2016; 54-70）。

　　さい。この人差し指は，『洗礼者ヨハネ』，『バッカス』，『岩窟の聖
　　母』などレオナルド・ダ・ヴィンチの作品のいたるところに見出さ
　　れるものですが，これもまた彼の謎のひとつです。これこそ，現実
　　的母と想像的母との両義性，現実的子どもと隠されたファルスとの
　　両義性が見事に描き出す何かです。私が指を，隠されたファルスの
　　シンボルとするのは，指がおおよそファルスの形を再現しているか
　　らではなく，レオナルド・ダ・ヴィンチの作品のいたるところに見
　　出されるこの指は，存在欠如を指し示すものであるからです。我々
　　はレオナルド・ダ・ヴィンチの作品のいたるところに，この存在欠
　　如の項が描かれているのを見出します（Lacan, 1994; 430-431）。

　すなわち，ラカンは，レオナルド・ダ・ヴィンチと〈他者〉との関係（レ
オナルド・ダ・ヴィンチの現実的母と想像的母との両義性，現実的子どもと
隠されたファルスとの両義性）が，聖アンナと聖マリアが二重身という形で
描かれている点や，「上にあげた人差し指」がいたるところに描かれている点
に見出されることを，さらにはそうした対象がレオナルド自身の存在欠如を
示すものとしてあることを指摘しているが，ここでラカンが示している関係
のそれぞれがフラクタル的な関係にあることに気づくならば，我々はレオナ

図8-3　レオナルド・ダ・ヴィンチ
『聖アンナ，聖母子と幼児聖ヨハネ』
（ナショナル・ギャラリー所蔵）

図8-4　レオナルド・ダ・ヴィンチ
『バッカス』
（ルーヴル美術館所蔵）

図 8-5　20 代の神経症性うつ病の女性が描いた家族画

ルド・ダ・ヴィンチの作品をより深く知ることができるだろう（図 8-3，図 8-4）。そして，そうした関係性は，描画テストの中にも認めることができるのである。

　図 8-5 は，20 代の神経症性うつ病の女性（以下，Cl と記す）が描いた家族画である。Cl は大学を卒業後，「この先，自分はどのように生きていったらよいのか分からなくなった」と苦悩する日々を送っていた。そんな時に描かれたのがこの家族画であったが，本人は描かれておらず，代わりに母に抱かれた猫が描かれている。描画後のやり取りの中で，それが「赤ちゃんの時の自分の姿」であり，この絵は「自分が生まれた時，家族は自分のことをどのように語ってくれたのだろうか」ということを考える意味を持っていたのではないかと語られた。すなわち，猫の姿は，失われたものとしての Cl 自身を表すものであったのである。興味深いことに，この絵の猫の足もまた上を向いて立っている。ここに，Cl と〈他者〉との関係のフラクタル的な縮図を読み取ることができるのではないだろうか。

（2）「描画連想法」の考え方を社会の再構成に応用する

　第二に，「描画連想法」の考え方をどのように社会の再構成に応用していけるかについてである。この点については，フロイトの次のような言及に基づいて考えていくことができるだろう。

　　早期の外傷 − 防衛 − 潜伏 − 神経症性疾患の発症 − 抑圧されたものの
　　部分的な回帰。我々が提示した神経症の発展に関する典型的な形式
　　は，このようなものであった。さて，ここまで至ると，読者は，人

類の生活においても個人の生活における事態と似たことが起こったという考えへと歩みを進めたくなるだろう。すなわち，人類の生活のなかでも性的・攻撃的な内容の出来事がまず起こり，それは永続的な結果を残すことになったのであるが，しかしとりあえず防衛され，忘却され，後世になって長い潜伏ののちに現実に活動するようになり，構成と傾向において神経症症状と似たような現象を生み出すに至ったのだ，と。我々は，このような出来事の成り行きを推測できると信じているし，その神経症症状に似た結果こそ宗教という現象にほかならない（Freud, G.W. XVI; 185-186）。

　すなわち，フロイトは上記のような「神経症の発展に関する典型的な形式」は，個人の生活のみならず人類の生活にも見て取れるとし，早期の外傷が，「防衛され，忘却され，後世になって長い潜伏ののちに現実に活動する」ようになることがあること，そして，その神経症症状に似た結果こそ宗教という現象に他ならないことを指摘している。ここでの早期の外傷が原父殺害のことを指し，それがフロイトにおいて人間と言語との関係の起源に位置づけられる出来事である点，さらには，そのような抑圧された出来事（原父殺害）の回帰が反復して認められ，それに伴い宗教的な展開や争いが生じている点を踏まえるならば，人類の生活にもまた個人の生活同様，無意識の拍動のようなものが認められ，その拍動が歴史を生み出していると考えることができるだろう。そうであるとするならば，「描画連想法」の考え方を応用し，そうした拍動に合わせて区切りを導入することで，社会の再構成を導いていくことができるのではないだろうか。

　フロイトは，ナチズムにおけるユダヤ人憎悪もまた，抑圧された早期の外傷（原父殺害）の回帰によるものであると指摘している（Freud, G.W. XVI; 197-198）。そうした憎悪が生み出した悲劇を思い返すとき，回帰の力，あるいはその方向性を変化させていく手段として，「描画連想法」の考え方を応用していくことが必要になるように思われるのである。

　では，具体的にどのような方法が考えられるのだろうか。1つは，抑圧された早期の外傷，すなわち主体の「起源」や「死」を巡る問題を再構成するための，臨床知（「描画連想法」の実践知）と先人たちの知との接点を模索し，抑圧されたものの回帰とうまく向き合う仕方を学ぶ方法である。この方法については，フロイトによるミケランジェロ Michelangelo di Lodovico Buonarroti Simoni のモーセ像の考察に学ぶことができるだろう（Freud, G.W. X）。

　フロイトが考察しているミケランジェロのモーセ像（図8-6）とは，ローマのサン・ピエトロ・イン・ヴィンコリ教会に佇む，ミケランジェロによって作られたモーセの彫像のことである（教皇ユリウス二世のために建造されるはずであった巨大な墓所の一部分である）。胴体を正面に向け，力強い髭のある頭部と眼差しを左方に向け，右足は地面につけているが，左足は持ち上げられていて足の指先だけ地面に接している。右腕は石板と髭の一部に添えられていて，左腕は膝の上に置かれている。

　この像は，モーセが神から十戒の石板を授かったシナイ山から降りてきて，モーセ不在のうちにユダヤ人たちが黄金の子牛を作り，そのまわりで歓声をあげて踊り狂っているありさまを目撃したときを表現したものであると言われており，また，この彫像から強い印象を受けた多くの人々が，「この彫像はおのれの民族が背教堕落して偶像のまわりを踊り狂っている光景を目撃した瞬間に衝撃に打たれたモーセを表現している」と解釈しているものでもある。

　しかし，フロイトは，これまで留意されず，まともに記述されることすらなかった細部，「右手の様子と二枚の石板のありさま」（図8-7）に注目し，「右手の人差し指は左側半分の髭の大半を押さえつけている事実，この人差し指の力によって，左側の髭の大半が頭部と視線と一緒に左方へと回転しな

図8-6　ミケランジェロ・ブナオローティ作『モーゼ像』
（ローマ・サンピエトロ・インヴィリンコリ聖堂所蔵）
（出典：シャルル・ド・トルナイ（1978）ミケランジェロ．岩波書店．）

図 8-7　右手の様子と二枚の石板のありさま
（出典：Freud, G.W.X; 191）

いままになっている」のはなぜなのか。また，「石板の下方の縁は，斜め前方
に傾いている上の縁と異なった形をしている。石板の上の縁は直線的なので
あるが，下の縁は，前の方の部分で角のような突起をもっていて，この突出
した部分で石板は石座に触れている」。この「角のような形は，こちらの縁
が石板の上縁であることを示している」のではないか，と問うている。そし
て，詳細な検討の結果，次のような結論に至るのである。

　　われわれがこの彫像において見るのは，荒々しい行為の始まりでは
　なく，過ぎ去った動作の残像である。憤怒の発作のさなか，彼は跳
　び上がろうとしたであろうし，報復せんとしたであろうし，石板の
　存在を忘れてしまったであろう。しかし，彼はこの誘惑に打ち克
　った。彼は，いまや侮蔑の念と混ざり合った苦痛のなかで，抑制さ
　れた激怒を抱きつつ坐り続けるであろう。また，彼は石板を投げ棄
　て，これを石に叩きつけて粉砕することもしないであろう。なぜな
　ら，まさにこの石板のためにこそ彼は自身の怒りを抑えつけたので
　あり，この石板を護るためにこそ自身の激情を統制したのであるか
　ら。おのれの激情的な憤怒に身をゆだねてしまったとき，彼は石板
　への注意力を失い，石板を持っていた手を石板から離してしまった。
　そのとき，石板は滑り落ち始め，粉々に砕け散る危険に陥った。こ
　のとき，彼に衝撃が走った。彼は彼の使命を思い出し，その使命の
　ために，おのれの情動に溺れてしまうのを断念した。彼の手はすば

やく戻り，落ちていく石板が地面に落ちてしまうまえに，この石板を救った。まさにこの姿において，彼は不動の存在となった。そして，このモーセの姿をこそ，ミケランジェロは墓所の守護者として造形したのである（Freud, G.W.X; 194）。

　フロイトはまた，その結論を3枚のスケッチ（図8-8）（それぞれ，①静かに座している姿，②激しい緊張の瞬間のありさま，まさに跳躍せんとしているありさま，石板から右手が離れ，滑落し始めるありさま，③われわれが現に見ている彫像の状態，を表している）で示すとともに，精神分析的に絵や芸術を捉える際の留意点について，「イワン・レルモリーフ（ロシアの芸術批評家）は，一枚の絵の全体的印象や大きく目立つ特徴を度外視し，目立たない細部，例えば指の爪，耳朶，後光の描き方，その他の普通は気にとめられない些事，模倣に際して贋作者はおろそかにするけれども真作者ならばその人ならではの独特の仕方で完成させている細部，些事に存する特徴的な意義を重視することによって，検分作業を成し遂げた。…（中略）…精神分析もまた，あまり重視されない，あるいは一顧だにされない事象から，つまり観察作業において廃棄されたもの――《残り屑》――から，隠されている秘密の謎を解き明かすことを本領としている」（Freud, G.W. X; 185）と述べている。

　ここから我々は，目立たない細部に目を向け，描画を「見る」ことがClの新たな気づきを促す契機となり，治療的展開を導く可能性があることを学べるが，ここで注目したいのは，フロイトがミケランジェロのモーセ像の細部にモーセの欲動の満足の断念の痕跡を認めている点，そして，そうしたモー

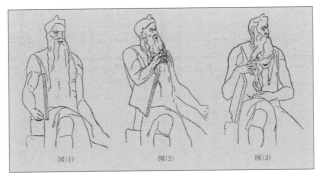

図8-8　3枚のスケッチ
（出典：Freud, G.W. X; 191-192.）

セ像こそをミケランジェロが墓所の守護神として造形したと指摘している点である。これらの点を踏まえるならば，フロイトはミケランジェロのモーセ像の考察を通して，早期の外傷，すなわち主体の「起源」や「死」を巡る問題を再構成するための，臨床知（「描画連想法」の実践知）と先人たちの知との接点を模索し，抑圧されたものの回帰とうまく向き合う仕方を学ぼうとしたと考えてみることもできるのではないだろうか[註4]。興味深いことに，3枚のスケッチは，描画連想法における「紙の交換」とその区切り，さらには，区切りによって浮かび上がる，欲動の満足の断念＝主体の死の受け入れ（時間的存在になること）との関係を示しているように見えるのである。

　もう一つは，人類の生活における無意識の拍動を捉え，直接的に社会の再構成を導いていく方法である。この方法については，ピカソの『ゲルニカ』に学ぶことができるだろう。

　フロイトの『モーセという男と一神教』の執筆とほぼ同時期の1937年に，パブロ・ルイス・ピカソ Pablo Ruiz Picasso によって描かれた『ゲルニカ』は，同年に開催されたパリ万博スペイン館にて初めて公開された。作品に対する評価は二分されたものの，万博を訪れた多くの人々に衝撃を与えたという（宮下，2008）。その一人である岡本太郎は，『ゲルニカ』に関する感想を次のように述べている。

　　……入ったとたん，目の前にひろがる圧倒的な大画面，アッと立ちすくんだ。『ゲルニカ』だった。私はそれまでに何度か，ピカソの絵に感動したことがあったが，このときほど，ズシンとしたショックを受けたことはなかった。なまに，画面全体が炸裂している。単にゲルニカの事件を描いたというよりも，人間の引き裂かれた運命そのものが，そこに，むき出しになっている。泣き，叫び，手をつき出し，走りまくっている。しかし同時に，全体は強固にまとまって，むしろ残酷な静謐さが支配している。静・動の凝集。博覧会場という，あたりの喧騒がすうっと引いて行き，私はこの，裸電球に照らされた，悪夢のような冥府と，たった一人で向きあって立って

───────────

註4）この点に関して，フロイトは「過去が不完全でぼやけてしまった想い出でしかないならば，これを我々は伝承と呼ぶわけだが，これは芸術家にとっては格別に刺激的なものである。なぜならば，その場合，想い出の裂隙を空想という強烈な欲望で埋め尽くすことも，ふたたび生み出そうとする時間のありさまを意図どおりに造形することも，芸術家の自由に任されているからである」（Freud, G. W. XVI; 176）と述べている。

いる思いだった。この冥界の王であるトーローは冷たく凝固した横
顔を見せて，そ知らぬ顔で，あらぬ方をにらんでいる。その残忍な
力がひしひしとこちらを圧してくるのだ。ほとんどモノクロームに
近い画面，であるにもかかわらず，何という激しい彩りでおし迫っ
てくるのだろう……（岡本，1980; 43-46）。

　岡本が指摘しているように，スペインの内乱が過激になる中，右派の領袖
フランシスコ・フランコ Francisco Franco Bahamonde の依頼を受けてド
イツ軍が中心となって行ったスペインの小都市ゲルニカに対する空爆，無差
別大量殺人を時を移さず告発するものであったと言われている『ゲルニカ』
は，そうした個別性を越えた，普遍的な「人間の引き裂かれた運命」を描き
出したものとなっている。故に人々の心に強く訴えかけるものがあると言え
るが，これらの点を踏まえるならば，『ゲルニカ』は描画連想法において主体
の無意識の拍動を捉え，区切りを入れるのと同様，人類の生活における無意
識の拍動を捉え，発表された作品であると言えるのではないだろうか。『ゲル
ニカ』がナチズム，さらにはユダヤ人憎悪とそれに対する反発の文脈と関連
づけて語られる作品であることはもちろんのこと[註5]，それが人間の死の欲動
と分かち難く結びついており，ラカンの述べる S_1 との関係を浮かび上がらせ
るものであるとする指摘が為されていることは（Ferrier, 1977），このこと
を強く示唆するものであろう。
　歴史が示している通り，『ゲルニカ』を介した区切りが為されても，ナチズ
ムのユダヤ人憎悪が生み出したその後の悲劇が回避されることはなかった。
しかし，『ゲルニカ』が今なお我々の存在に強く訴えかけ続けるものとしてあ
ることの意義を，我々はどのように理解することができるのだろうか。
　『ゲルニカ』によって区切られるとともに浮かび上がった早期の外傷（原父
殺害）との繋がりを，無意識の拍動を捉えながらまた新たな芸術作品を介し
て区切り，受け継いでいくこと。抑圧されたものの回帰に纏わる悲劇を回避
していく上で，そうした連鎖を絶やさないことが，今求められているように

　註5）例えば，しばしば『ゲルニカ』は反ファシズム的な絵画として称されるが，その
　　　イメージの一翼を担った，スペイン内戦の様子を伝える写真「崩れ落ちる兵士」が，
　　　ユダヤ人ロバート・キャパによる反ナチス思想を込めた捏造写真であったことが指摘
　　　されている（沢木，2015）。また，松田は，『ゲルニカ』を含むピカソの作品が長く
　　　反ユダヤ思想と結びつく形でその価値を貶められていたことを明らかにしている（松
　　　田，2009; 45-65）。

思われるのである。

　人間が言語的存在として生き続ける限り，生の欲動と死の欲動の闘争に終わりはない。故に，我々は日々苦悩し，社会全体もまた悲劇を繰り返していくことになるのだろう。しかし，先人たちの知に学びつつ，自らの立ち位置を確認しながら，一歩ずつ歩みを進めていくならば，そこに新たな変化の可能性を見出していくことができるのではないだろうか。「我々はどこから来たのか，我々は何者か，我々はどこへ行くのか」の問いに答えることの不可能性と向き合いつつ，それをもとに自らの存在根拠となる論理を作り上げることを促す「描画連想法」は，そうした可能性を切り拓く一つの方法に成り得ると考えるのである。

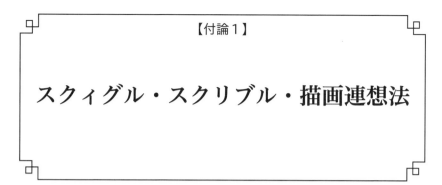

【付論1】

スクィグル・スクリブル・描画連想法

Ⅰ．はじめに

　１本の線を前にして，人はどのように思惟するのだろうか。フロイトが「対象の把持こそが神経症を精神病から距てる特徴である」と述べていることを思い出すならば（Freud, G.W. Nb），この素朴な問いが，主体と言語との繋がり方を理解する上で欠かせないものであるだけでなく，その繋がり方の再構成あるいは構築を試みていく際の道標のような役割を果たすものでもあることに気づかされる。では，１本の線を描くことから始まるスクィグルやスクリブルの実践において，こうした問題はどのように立ち現れてくるのだろうか。本論では，２つの治療法について概観するとともに，それらを人間と言語の関係から捉え直すことを通して，その治療的意義を新たな側面から照らし出してみたい。さらに，２つの治療法と接点を持ちつつも，独自の描画法として筆者が考案した「描画連想法」について紹介する。

Ⅱ．スクィグルと遊び

　スクィグルとは，英国の精神分析家であるウィニコットによって考案された，患者と治療者が交代でなぐり描きを行い，そのなぐり描きを絵へと変えていく描画法である（Winnicott, 1971b/ Winnicott, 1989）。ウィニコット自身は，主に治療相談面接（診断面接）の際にスクィグルを用いており，「スクィグルはほどよい環境にいる患者の治療に役立つものでもある」と述べている（以下，患者が子どもであることを想定した形で説明を行うが，大人の場合も同様である）。

　実施の際には，A4 の用紙あるいは同様のサイズの画用紙と 2 本以上の鉛筆（2 B 以上のものが好ましい）を用意する。適当な頃合いを見計らって（親には待合室に行ってもらうように頼んでから），子どもに「面白い遊びを知っているのだけれど，やってみる？　この遊びには特に決まりはないんだ。鉛筆を持ってね，こんな風にするよ」と言い，目をつぶってなぐり描きをしてみせる。続けて，「これが何かに見えたり，これを何かに変えられたりするようだったら，教えてくれないかな。それが終わったら，次はあなたが私に同じことをしてみてほしいんだ。今度は私が（あなたのものから）何ができるかを考えるから」と伝える。描画後は，子どもの要求に応じて，絵を描いた順番に並べ，楽しかったところや解釈的な作業となったところなどを一緒に見ながらおさらいをする場合もある。ウィニコットは，スクィグルを実施する際の留意点として，次のようなものを挙げている。これらの点は，現在のスクィグルを用いた臨床の場において，あまり省みられなくなっているように見えるため，ここで改めて確認しておくことは意義があるだろう。

①初回面接でスクィグルを活用する場合は，治療者が子どもにとっての主観的対象，すなわち，自分を助けてくれると子どもが信じている対象となっている点を認識しておくことが求められる

②面接の主導権は治療者ではなく，子どもの側にある

③スクィグルは，無意識の解釈が主たる目的ではない。熱心に素材を解釈しようとするよりは，子どもから学ぶつもりでいなければならない

④子どもと一緒に絵を描く中で，異なる遊びが同時並行的に行われる場合も多い（絵を床に並べて置いていくゲームなど）。そうした遊びは，スクィグルの展開と密接に結びついているため，絵を描くこと以外の遊びも適宜取り上げながら面接を進める

⑤スクィグルの展開が深まり，子どもが自らの問題に気づき始めた時点で，子どもが見た夢のことをそれとなく尋ね，スクィグルと重ね合わせる。そのように，治療者との転移関係を通して，子どもが内的現実と現実生活を同時に体験できるように促していくことが，治療的に重要となる

⑥スクィグルを続ける中で，子どもはそれまで人格全体に統合されていなかった考えや感情を，自分でも意外な気持ちで次第に見出していく

⑦子どもが重要な問題（心的外傷体験に関わる問題など）に直面した際には，危険にさらさないように慎重に面接を進める。必要に応じて，「逃げる」，「話題を変える」，「遊んで何が起こるのかを見る」というすべての

機会を与える

III.　スクィグルの治療的意義

　では，以上のようなスクィグルの実践における治療的意義とはどのような点にあるのだろうか。もちろん，スクィグル自体が遊びの場として機能することが何よりも重要なことである。ウィニコットは，「心理療法は，一緒に遊んでいるふたりの人々にかかわるものである。このことから必然的に，遊ぶことが不可能なところでセラピストが行う作業は，患者を遊べない状態から遊べる状態にもっていくことに向けられる」と述べている（Winnicott, 1971a）。ここでの「遊べない状態」，すなわち，母子分離が進む中，両者の遊びの過程に困難が生じ，硬直化した自我状態を形成してしまった状態が「偽りの自己」であり，そうした自己を基盤にして，不登校，拒食・過食，ひきこもりなどの病態が生じることになる（Winnicott, 1965）。しかし，遊びを通して生じることになる転移関係の中で，治療者という外的存在と自らの内的存在を投影した主観的体験を同時に経験できるようになると，患者は自然と創造的な過程を歩み始めることができ，「本来の自己」を発見するに至る。このような展開を可能にする1つの方法が，スクィグルなのである。

　この点を踏まえた上で，ウィニコットが，遊ぶことを通して本来の自己を発見する過程と「対象を使用する能力」の発達とを結びつけて議論していることに目を向けてみるとき，冒頭にて提示した問題との繋がりが認められる点は興味深い。ウィニコットによれば，最初に対象と関係することがあり，そして最後に対象の使用がある。この2つの間に，人間の発達において最も難しいもの，あるいは，治療において扱われることになる早期の失敗の中で最も厄介なものがある。「個人が情緒的成長の早期の諸段階においてこの位置（対象の使用）に到達することが可能になるのは，そのときに，現実的であるがゆえに破壊されつつあり，破壊される（破壊可能で消耗しうる）がゆえに現実的になりつつある備給された対象が，実際に生き残ることによってのみである」（括弧内は引用者）（Winnicott, 1971a）。

　このように，ウィニコットは遊びの中で対象を破壊しては再創造することによって本来の自己を見出していくことが可能になると述べているが，この過程を，移行対象の概念だけでなく，フロイトが述べている対象の概念と結びつけて捉え直すならば（Freud, G.W. X），スクィグルの治療的意義をまた

異なる観点から捉えられるだろう。

　フロイトは，対象が根源的に失われた対象であること，そして，把持される対象が実は喪失の痕跡の存在様態の１つであることを明らかにしている。対象発見とは本来再発見なのであり（Freud, G.W. Ⅴ），このことは神経症圏の状態を特徴づけるものであるだけでなく，言語の発生の根本的な条件でもある。すなわち，我々は言語としての〈他者〉の領野において１つのシニフィアンに同一化し，言語的主体として成立しようとするが，そのことは同時に，自らを捉えようとしつつ，そこから排除されてしまうことを意味するため，結果的に我々はシニフィアンの連鎖の中で，「もうないものとしての自分」＝根源的に失われた対象を追い求めては，それと出会い損ね続けるという宿命を背負うことになるのである（Lacan, 1964）。しかし，そうした対象は，それでもなお「我々の存在の核」としての現実界と繋がりを持つものであるがゆえに，それを浮かび上がらせていくことが，主体の再構成を促していく上で重要となる。

　これらの点を踏まえるならば，スクィグルの実践における「線を描いて，その絡みから，形を浮かび上がらせる」ということが対象の把持に当たり，また，その際に何かが発見された喜びが患者に生じる理由として，それが根源的に失われていた何かの「再発見」の質を帯びているからであると理解できるだろう。さらに，患者はそのようにして自分自身に固有の「根源的に失われた対象」を発見することで，自らを欲望する主体として再構成（＝本来の自己を発見）できると考えられるのである[註1]。

Ⅳ．スクィグルの治療過程
——ウィニコットの事例から学ぶ——

　上記のような治療的意義を有するスクィグルは，具体的にどのように展開するのであろうか。ウィニコットの事例をもとに検討してみたい。

　５歳の男の子ロビンは登校拒否の徴候を示しており，そのことを心配した母親とともにウィニコットのもとを訪れた。ウィニコットは，母親を待合室

註1）この意味において，スクィグルとは，主として対象が把持されている神経症構造の主体の再構成を促す際に有効な治療法であると言えるだろう。日本での実践として，白川は子どもとの意義深いスクィグル事例を数多く報告している（白川, 2001）。中井もまた主として神経症水準の患者にスクィグルを用いているが。境界例や統合失調症の治療に有効な場合もあると指摘している（中井, 1985）。

に残して，彼と一緒に面接室に入り，スクィグルを用いた治療相談面接を行った[註2]。

　1枚目の治療者（以下 Th.）のなぐり描きに対して，ロビンは何もできなかったが，2枚目になぐり描きすることで応え，Th. はそれをクモにした。3枚目に移り，Th. がなぐり描きをすると，彼はその先端に縮れた髪を描くことから始め，その後，眉と目，足に当たるものを描き加え，「これは魚だ」と言った。ここで，ウィニコットは，彼の髪質がくしゃくしゃなことに気づき，この絵が彼にとってパーソナルなもの，さらには，彼が創造的な仕方で遊ぶようになったことを示すものとして捉えている。このように，最初の段階で患者が遊べるかどうかを見極めることが重要である。また，ロビンは絵を描く際に一方の手で紙を押さえようとしない子どもであったが，ウィニコットはこの点に彼の依存の徴候を認めている。すなわち，スクィグルの内容と治療空間は相同的な関係を成しており，両者の関係性に注意を払いながら治療を進めることが求められるのである。

　その後，ユーモアのセンスを感じさせるなぐり描きが出現するなど，ロビンが完全にスクィグルに熱中し始めたときに，Th. は「夢を見ることはありますか」と尋ねている。これに対して，ロビンは犬と象とカンガルーに関する夢を見ることを話し，続いて，Th. によるなぐり描きを「丸くなっているヘビ」にした（図9-1）。ここに，ウィニコットは，彼が外の世界に出て行って成長することと，退行的に依存することとの間の自分の葛藤について，言葉にする段階にまで到達したことを見て取っている。さらに，この後，ロビンは自らのなぐり描きについて，「これはRだけれど，向きが逆だね」と言いながら，鉛筆を落とした。ウィニコットはこのことを失策行為として捉え，「これは逆向きだね。きっとRは前に進んで外に出るのが怖いんだ。すぐにでもお母さんの膝に戻れることを確かめておかねばならないんだね」と解釈した（RはRobin の頭文字である）。すると，そのすぐ後に，「これは難し過ぎるかな」という問いかけとともになされた Th. の複雑なスクィグルを，彼は「ううん，僕はこれを魚にできるよ」と言いながら，「堂々とした魚」を描いたのである（図9-2）。ウィニコットは，この絵が前に描かれていた勃起（直立）を象徴するかのようなヘビと同じ意味を持つものであり，世界に向かって前進している彼自身の言明，「僕は在る I am」であると指摘している。そ

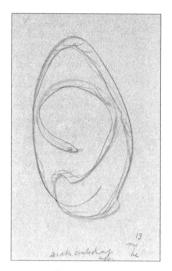

図 9-1 「丸くなっているヘビ」
（出典：Winnicott, 1971）

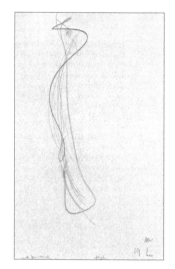

図 9-2 「堂々とした魚」
（出典：Winnicott, 1971）

して，同様のテーマが表れている 22 枚目のなぐり描きを最後にして面接は
終了し，この面接を境に，彼の問題は解決するに至った。

　このように，喪失の痕跡としての線の上に形を見出し（対象を把持し）ては
根源的に失われた対象を発見することを繰り返しながら，主体の再構成（本
来の自己の発見）が可能となる。この事例はその過程を鮮やかに示している
と言えるが，そうした過程における，主体の起源＝「不可能なもの」を巡る
問いの中で，１本の線（直立の線）がより強度を増した形で浮かび上がって
いる。これは，フロイトが個人と集団との関係が形作られる上で何ものにも
先立つ象徴的な同一化を媒介する役割を果たす「ただ一つの線刻」，さらに
は，それをもとにラカンが概念化した，集団の「一」と個々の人間の「一」
とを繋ぎ，概念としての「一」を主体の存在まで及ぼす通路としての「一の
線」を示すものである。対象を把持しては根源的に失われた対象を発見する
ことを繰り返す中でこうした線が出現してくることがあるが，その出現は主
体の再構成の契機（僕は在る Ｉ am）を印づけることになるのである（牧瀬，
2018a; 100-116）。

Ⅴ．スクリブルと精神病の治療

　一方で，対象が把持されていない（言語と人間を関係づけることによって，話す主体の欲望を支えるシニフィアン（＝父の名）が排除されている）ために，想像的な世界に混乱が生じている主体において，1本の線は不気味な様相を帯びたもの，あるいは，自己去勢の形で引き受けられるものとなる場合がある。このようなとき，1本の線から始まるもう1つの治療法であるスクリブルが，治療に役立つことになる。

　スクリブルとは，米国の芸術療法家であるナウムブルグ Naumburg, M. によって創始された描画法である（Naumburg, 1966）。即興的になぐり描かれた線の中に，患者が無意識の葛藤に関するイメージを投影できるよう促すとともに，描かれた絵の意味を検討しながらその葛藤の言語化を推し進め，問題の解決を目指すものである（図9-3）註3）。実施の際には，大きな紙とパステル，ポスターカラー（サインペン，クレヨン等を用いる場合もある）を準備し，初期の面接では，患者が無意識の問題をうまく表現できるよう，適宜描き方の説明を行う。また，治療過程において，患者が見た夢を絵に描いてもらい，それをもとに自由連想を進めていく場合もある。

　ナウムブルグは「私の言う芸術療法とは，その治療法の基礎に精神分析的アプローチを採用し，これをもって抑圧・投射・同一視・昇華・圧縮といった防衛機制に迫るものである」（Naumburg, 1966）と述べており，スクリブルもまた1本の線の上に形を見出し（対象を把持し）ては根源的に失われた対象を発見することを繰り返す実践としてある点において，基本的には神経症構造の主体に有効な治療法であると言える。しかしながら，芸術的な表現方法を適宜援用しながら1本の線を絵画作品として纏め上げるというその構成的特徴を生かす形で，精神病の治療にも用いられてきている。例えば，中井は，スクリブルが統合失調症者の描画率を飛躍的に増大させるだけでな

註3）この絵（「緑の象と灰色の鮫」）は，ナウムブルグがその著書の中で事例として紹介している，女性の潰瘍患者が描いたスクリブルの1つである。この絵の検討を通して，患者は自らの症状と乳を吸うこと・咬みつくこととの関係により関心を抱くようになっている。ここから見て取れるように対象を破壊しては再創造するスクィグルに比べて，スクリブルは絵を描くこと，構成することを重視する傾向が強い。また，スクィグルは遊ぶことを重視し，無意識の解釈を主たる目的としていないが，スクリブルは描かれた絵の意味を検討しながら，無意識の葛藤の言語化を推し進めることにその主眼がある。

図 9-3 「緑の象と灰色の鮫」(出典：Naumburg, M. 1966)

く，その実践によって意味喪失系列から意味獲得系列への転換を図れる場合もあると指摘しており，スクリブルが可能となるのはおおむね「第二次悪夢化」の時期以後，意味深い投影を成し得るのは「臨界点」を経てからであると述べている（中井，1984a）。また，内藤は，スクリブルが数ある描画技法の中でも「描けるか，描けないか」というレベルで患者の状態を測りやすい技法であり，治療に用いる際には，患者が幻覚妄想の影響が色濃いイメージを投影する可能性や，線すら描けない，投影できないという可能性を考えておいた方がよいとして，安易な導入によって病状を悪化させる可能性を考慮しなければならないと注意を促している（内藤，2001）。これらの点は，患者が対象を把持できているかどうか，あるいは，できていない場合，スクリブルを介して対象把持の再獲得をどのように促していくことができるかという問題と関わるものであり，内藤は後者の点に関して，スクリブルを単一技法として長期間用いることには限界があるとして，「診断的観点からも表現指向的な観点からも，スクリブルでは扱えない領域を補完する意味で他の技法を併用していくことには意義がある」と言及している（内藤，2001）。

VI. 描画連想法
——対象把持の再獲得（主体の構造の構築）を促す方法として——

　筆者は，スクィグルやスクリブルとともに，両者と接点を持ちつつも独自

の描画法としてある「描画連想法」を用いて治療を行っている。「描画連想法」とは，①描画を「きく」ことを重要視する，②構造論的に描画を捉える，③「紙の交換」という形で，解釈としての区切りを入れ，主体にとっての対象 a（＝根源的に失われた対象）を浮かび上がらせるという方法で，主体に論理的関係性を導入し，その再構成を促すものである。実施に際して，対象の把持が紙を変えても次々と別の対象となって現れ，またその繰り返しの中で主体の再構成が可能となる点を踏まえるならば，「描画連想法」もまたフロイトの対象把持の考え方を受け継ぐものであり，その適用範囲は基本的に精神分析を実施できる病態（神経症圏）に限られると言える。しかし，紙の交換に代えて，紙の導入（以前の面接で描かれた絵を，治療の流れに合わせて再度取り扱うこと）を介して主体が対象を再び把持できるように促す方向で用いるならば，精神病圏の病態にも適用可能なものである（牧瀬，2015，2018b）。

　紙面の都合上，ここでその詳細を説明することはできないが，精神病構造の主体の治療に描画連想法を用いる際のポイントとして，次のものが挙げられる（牧瀬，2023a）。

①主体の無意識の拍動＝主体と言語との関係性を問い直そうとする反復のリズムを聞き取りつつ，主体の存在の核＝現実界との繋がりを内包する妄想と現実との関係を結び合わせる
②主体と言語との関係性を問い直そうとする反復のリズムに合わせて，幻覚的欲望成就を包み込んだ夢と描画を重ね合わせ，妄想的隠喩の展開を後押しする
③紙の導入を介して，意味喪失系列から意味獲得系列への転換を導く「主体の対象把持の再獲得」を促す（「不可能なもの」＝現実界との関係を支えるメビウス環のような主体の構造を構築する）
④「主体の対象把持の再獲得（主体の構造の構築）」がなされるに当たっては，因果的説明を超えた「もの」＝「不可能なもの」の次元へと一度戻る必要がある。そうした転機に出現する身体症状に注意を払う

VII.　おわりに

　以上，スクィグルやスクリブルについて概観するとともに，それらをフロイトの対象把持の概念や人間と言語との関係から捉え直すことを通して，そ

の治療的意義を新たな側面から検討した。

　結果，スクィグルは，喪失の痕跡としての1本の線の上に形を見出し（対象を把持し）ては根源的に失われた対象を発見することを繰り返す実践としてあり，その過程において自分自身に固有の根源的に失われた対象を発見することで，患者は自らを欲望する主体として再構成する（＝本来的な自己を発見する）に至ると考えられた。

　スクリブルもまた，スクィグルと同様の治療的意義を有することから，基本的には神経症構造の主体の再構成を促す際に有効な治療法であると言えるが，芸術的な表現方法を適宜援用しながら1本の線を絵画作品として纏め上げるというその構成的特徴が，精神病構造の主体における対象把持の再獲得を促すものとなることが示唆された。さらに，両者と接点を持ちつつも，独自の描画法として筆者が考案した「描画連想法」について紹介した。「描画連想法」は，紙の交換を介して対象を把持しては根源的に失われた対象を発見することを繰り返し，その中で神経症構造の主体の再構成を促すものであるだけでなく，紙の導入を以って精神病構造の主体における対象把持の再獲得（主体の構造の構築）を促すものでもある。後者の方法をスクリブルと併用して用いることにより，精神病構造の主体の対象把持の再獲得をより効果的に促す可能性があると考えられるが，この点に関する詳細な検討は今後の課題としたい。

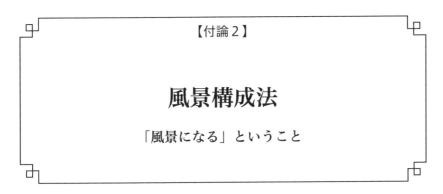

I.　はじめに

　　吉野山去年の枝折りの道　かへてまだ見ぬ方の花をたずねむ

——山家集

　中井久夫は，神戸大学を退官するに当たっての最終講義を，西行によるこの歌を引いて，終えている。「西行法師は，歳老いてなお，去年に通って再び通る時の道知るべに枝を折っておいた道を通ることを止めて，新しい方角の花を見ようと言っています。私はそんな颯爽とした態度には及びもつきませんが，残る力で新しい方角に一歩を歩み出したいと思っています」（中井, 1998; 94）。

　ここで，中井は自らの人生を西行に重ね合わせているが，阪神・淡路大震災後に行われた磯崎新との対談（「悲劇に抗する建築に向けて」）における次のような言及を思い出してみるとき，それが中井の人生に通底するものであったことが窺われる。

　　モニュメントは最後には風景の一部になって存続できるかどうかということにその存在感があるんじゃないでしょうかね。ピラミッドが何のモニュメントか分かりませんけれども，おそらくあれが出来たときには何か非常に生々しい記憶と結びついていたのかもしれない。そのうちに歴史的な建造物になって，いまではエジプトの風景の一部になった。それは記憶の浄化とどこか似ている。記憶というのは最後は一枚の絵になっていくのだと思います。60 を過ぎたわれわれにとっ

ては，20代の記憶と30代の記憶は，縦並びでなく，横並びしてい
く。つまり，縦から横に並び変わり始めていて，最後は全くひとつの
風景になっていく（中井・磯崎，1998; 146-159）。

　すなわち，中井は「風景になる」ことに，災害の外傷に限らず精神的な外
傷を記憶として引き受けながら，生きていくこと，死んでいくことの根本を
見て取っており，それはまさに，西行がその人生を賭して行ったことでもあ
ったのである[註1]。

　　願はくは花の下にて春死なん　そのきさらぎの望月のころ

　　　　　　　　　　　　　　　　　　　　　　　　　　──山家集

　（私は春，花の下で死にたい。願わくは，釈迦入滅の2月15日頃に，満月
の光を浴びた満開の桜が，私と私の死を照らし出さんことを）（湯原，2010a;
105）。

　風景の中に自らの道を追い求めた西行は，生前に詠ったこの歌の通りに亡
くなったとされ，その歌は「日本という空間に生き，日本語ということばを
使うことの意味を問いかけた思想の表現」（桑子，1999; 227）であったと言
われている。西行は歌を詠うことを通して生と死の意味を風景に問い，中井
もまた精神医学的実践を通してそれを成し遂げたのである。
　では，このような観点から見たとき，「風景になる」実践であるとも言える
風景構成法は，どのようなものとして捉え得るのであろうか。「本法が今日ま
で生き延びたのには，『心象風景』という言葉があるように，風景に心境を託
する伝統のあるこの島の文化のおかげ」（中井，1992; 238）（傍点は引用者）
であるとするならば，この問いをもとに改めて風景構成法について考えてみ
ることは意義があるだろう。本論では，風景構成法とその後の展開，他の描
画法との関係について概観するとともに，人間と言語との関係を重視するラ
カン派精神分析の観点を援用しながら，改めて創始者である中井自身の著述
に学び，その臨床的意義を明らかにしてみたい。

註1）西行は，源平の戦い等の乱世の時代にあって，人々の死を身近に感じながら生き
　　続けた人であった。

II. 風景構成法とは何か

　風景構成法とは，患者に 10 個の要素（川，山，田，道，家，木，人，花，動物，石あるいは岩）と，追加したいと思うものによって風景を構成して貰う方法である。1969 年に箱庭療法の適否を検討する予備テストとして発案されたが，その後，独自に診断的および治療的価値があることが分かり，1970 年に発表された（中井, 1984b; 261-271）。中井は本法について，「あまり規格化されていないのはテストではないからである」（中井, 1992; 238）（傍点は引用者）と述べている。すなわち，「風景構成法は単独で統合失調症を診断する用具ではない。その本領は，治療関係が成立している患者について，他の水準の出来事とにらみあわせながら，回復，社会復帰，短期予後（決して長期予後ではない！）の里程標あるいはヒントとなるところにある」（中井, 1992; 247）のである。

　実施に際しては，画用紙を挟んで自然なやりとりができる雰囲気を作る。患者と治療者との位置は机を前にして 90 度あるいは平行の関係が望ましい。机の上には，患者がやり直すという選択も採れるように数枚の画用紙とサインペン，クレヨン（24 色）を置いておく（色鉛筆，細いサインペン，ボールペン，鉛筆を一緒に置いてもよい）。

　教示段階では，少し改まった感じで，患者の前に画用紙を 1 枚置き，「今から私の言うものを 1 つずつ描き込んで全体を 1 つの風景にして下さい。これは絵の上手下手を見るのではありません。あなたの風景だからどんな風景ができてもいいわけです」と言う。続いて，サインペンを用いて画用紙に枠を付け[註2)]，「気が向かなかったらどうかそう言って下さい」と伝え，サインペンを渡す。

　患者が絵を描いている間，治療者は関与的観察（「『次にどうなるだろうか』と思いながら，いくぶんはらはらして傍にいることが重要である。傍で並行してスケッチしてゆくと，眺めていただけではわからないことに気づき，感じなかったであろう感覚を得ることが多い」（中井, 1992; 239））を行う。子どもや緊張している人に対しては，「景色だから川があってもいいでしょう」，「川があったら山もあるでしょう」，「人ぐらいいてもおかしくないのでは」，「ひょっとしたら動物もいるかもね」という形でプレイフルに語りつつ

　註2)「枠を付けること」の治療的意義については，次の文献を参照のこと（中井, 1985）。

進めてもよい。また，患者が途中で放棄しても咎めたりせず，別のものを描いても注意したりはしない。しかし，患者がどんどん別のものを描くときや，まるで目にとまらないかのように枠をはみ出すときには，躁状態あるいは急性精神病状態である可能性が考えられるため，「ひょっとしてあなたに合っていないかもしれない」と言って止める。

患者が描き終えたら，「これでよいでしょうか」と終了の念を押し，クレヨンや色鉛筆を渡して彩色して貰う。彩色の段階では，別室にて独りで行う方がよい場合もある（「あなたは独りでやれる」という信頼の表明となる）。

完成後は，「いよいよできましたね」と完成したこと自体を評価し，共に眺める。この際，「疲れました？」，「できると思わなかった？」など，それほど大変そうでなくても，否定面から接近支持してねぎらうことがポイントである。その後，患者の耐性を考えながら，季節，時刻，天候，川の流れの方向や深さ，山の高さや遠さ，家の住人の数，人の営んでいること，人と家との関係の有無，木の高さ，花の種類などを尋ねる。適宜，物語を話して貰う，あるいは，一部を別の紙に一つの画として描いて貰うという方法を採ってもよい。

以上のような風景構成法の所用時間は平均 10 ～ 20 分であり，一般的に，統合失調症者は短く，アルコール症や嗜癖患者は長い傾向がみられる。なお，中井は「うつ病者の前に急に視野が開けることは危険である」として，その実施は躊躇われると述べている。

解釈については，さまざまな方法が適用される。中井自身は，「縦断的に眺めることが必要であり，一枚の風景構成法から多くを読み取りすぎることが戒められるのも箱庭と同じである」（中井，1992; 247）と注意を促している。また，風景構成法を実施した際の余韻について，「この余韻性には正負両面がありうるが，適応を誤らなければ，おのれの描いた風景の記憶は長期的に患者にいわば低音のささやきを続けていて，これがほんとうの効果かもしれない」（中井，1992; 240）と言及しつつ，そうした余韻性がその後の実施の間隔を左右する点を指摘している。この点は，後に議論することになる，「セルフ・システム」＝主体の構造の構築の問題と密接に関わるように思われ，興味深い。

III．風景構成法の展開と現時点での課題

中井は，「『方法が案出者をはなれて一人歩きする時期が必ず来るといいま

すが』,そのように一人立ちしてはじめて,一つの方法といえるのだろうと思います」(中井,1984b; 261)と述べている。その言葉通り,今日まで風景構成法はさまざまな発展を遂げてきている。その展開の詳細については,皆藤章(皆藤,1994)や佐々木玲仁(佐々木,2012),岸本寛史(岸本・山,2013),佐渡忠洋(佐渡,2013),川嵜克哲(川嵜,2018)によるレビューを参照いただき,ここではそれらを参考にしながら全体の流れを確認しておきたい。

　佐渡によると,中井が風景構成法を発表した1970年から最初の専門書『H・NAKAI 風景構成法』(山中康裕編著)が出版された1984年までに,風景構成法は精神科・心理臨床において確固たる地位を得ることになった(佐渡,2013; 43-61)。この第 I 期では,「風景構成法の可能性が比較的自由に論じられ,臨床を軸足において知見を報告している」論文が数多く刊行されている。続く第 II 期は,1985年から1990年代後半までの,研究が増加と広がりをみせ,全国から論文が報告されるようになる期間である。「基礎研究や発達研究,多文化研究がなされ,教育臨床,児童臨床,スポーツ臨床の事例などが報告されるとともに,作品の分析方法が詳細に論じられるようになった」。この時期の代表的な著作として,『風景構成法』(皆藤,1994)や『風景構成法その後の発展』(山中編,1996)があげられる。さらに,1990年代後半から現在までに至る第 III 期では,「テーマの拡張が進み,さまざまな領域での報告が増え,新たな指標が産出されて,知見の再検討や追試も少しずつ認められるようになった一方で,形骸化が危惧され,心理臨床という文脈と素材の中で臨床的有用性を深化させる試みや,風景構成法の特徴をもう一度捉え直す動向」が出てきている。皆藤章・川嵜克哲による『風景構成法の事例と展開―心理臨床の体験知』(誠信書房,2002年)や角野善宏による『描画療法から観たこころの世界―統合失調症の事例を中心に』(日本評論社,2004年),皆藤章による『風景構成法のときと語り』(誠信書房,2004年),『風景構成法の臨床』(ぎょうせい,2009年),佐々木玲仁による『風景構成法のしくみ―心理臨床の実践知をことばにする』(創元社,2012年),岸本寛史・山愛美編による『臨床風景構成法―臨床と研究のための見方・入り方』(誠信書房,2013年),古川裕之による『心理療法としての風景構成法―その基礎に還る』(創元社,2015年),川嵜克哲による『風景構成法の文法と解釈―描画の読み方を学ぶ』(福村出版,2018年)などはその代表的なものである。

　このように,風景構成法は多岐に亘って発展を遂げてきている。その内容

を大きく分けると,「構成的な観点から捉えるもの」と「投影的な観点から捉えるもの」の二つがあるように見える。もちろん両者を重視する立場のものもあるが,質的研究・量的研究のいずれにおいても,この傾向が色濃く反映されている。前者については,中井によるH型・P型・D型の分類（中井,1992）や,高江洲義英・大森健一による離反型・近接型・固着型の分類（高江洲・大森,1984），高石恭子による自我発達のプロセスに基づく構成型の分類（高石,1996）などの流れ,後者については,山中の研究に始まる個々の要素,あるいは各要素間の関係の描き方などに意味を見出し,「読む」ことを重視する流れにその例を見て取ることができる（山中,1984）。

　また,近年では,岸本が線形透視図法を理想とする見方や,構成過程を考慮せずに解釈する在り方を批判し,ストーリーとして風景構成法を捉える必要性を論じたことを受け,構成プロセスを丁寧に言語化しながら,患者理解を深めていく実践・研究も増えてきている（岸本・山,2013）。こうした研究は,二つの考え方を繋ぐ意味を持つものとして,大変重要なものであろう。中井もまた,この点に関して次のように述べている。「本法のミソは,要素の種類とその順序」（中井,1992; 237）（傍点は引用者）にあり,風景構成法が「できない」のは,普通の意味において絵が描けないということではなく,面接の場において,治療者との相互作用において描けないということである。すなわち,「画を描く能力は必要条件ではあるが十分条件でなく,治療者との間に対人の場の統合を維持することも重要な必要条件であり,そのうえに立ってコミュニカティヴな描画過程を完遂するということは必要十分条件なのである」（中井,1992; 246）（傍点は引用者）。

　しかしながら,ここで少し立ち止まって考えてみたい。風景構成法を介して,患者－治療者間において対人の場の統合を維持し,コミュニカテイヴな描画過程を完遂する中で目指されるものは,果たして構成的,投影的,あるいはストーリー的観点から患者を理解することなのであろうか。もちろん,そうした理解があってこそではあるものの,むしろ,理解を超えた次元との関係において患者が言語的主体として生成できるよう促すことに,その主眼があると言えるのではないだろうか[註3]。

IV. 人間と言語との関係を繋ぐものとしての風景構成法

　まず確認しておきたいのが,中井にとって風景構成法は統合失調症者の回復過程を示す里程標であり,治療方法の一つであったということである[註4]。

風景構成法の診断的価値の最大のものは，端的に「できるかできないか」で
あり，「この簡単明瞭性は，統合失調症の発病過程において，風景構成法が
一挙に瓦解し，回復過程において急速に再びできるようになるという臨床的
事実にもとづいている」（中井，1992; 245）。すなわち，中井は，風景構成
法ができるようになることを，発病における「状況意味」把握の失調状態か
らの回復，患者が他者（治療者）との関係をもとに自らを言語的主体として
位置づけ直すこととして捉えているのである。故に，風景構成法の説明にお
いて，中井はあえて言語との関係を強調するために，構造主義の概念である
「シンタグマ」（一文の形成に当たって，この主語ならばこの動詞というよう
に相互に補完して全体を形成する際の選択）・「パラディグマ」（ある名詞を形
容する同義形容詞の中から1つを選ぶ選択のように，似たものの中から1つ
を選ぶ際の選択），さらにはバリント Balint, M. の用語である「フィロバテ
ィズム」（対象なき空間において安全感を得ようとする傾向性）・「オクノフィ
リア」（対象発見以後に現れる，対象執着によって安全感を得ようとする傾向
性）を用いていると考えられるが，こうした考え方は，不思議とあまり省み
られることがない最初期の論文「精神分裂病者の言語と絵画」から一貫して
認められるものである（中井，1984a; 1-15）。

　例えば，中井は「われわれの日常生活は，言語に対して開かれた世界であ
る。…（中略）…絶対的見地──例えば論理性──からみれば言語は不完全
きわまりない代物である。しかし，他方，言語はくまなくわれわれの世界を
いわば陰伏的かつ"構造的"に涵している」（中井，1984a; 1-2）と述べ，人
間の生そのものが言語との関係抜きには考えられないことを指摘している。
その上で，統合失調症者の言語剥奪状況について，「いっそう重視すべきは，

註3）この意味において，伊集院による「拡大風景構成法」の試みは大変興味深い。本
　法は，風景構成法のもつ意味を拡大し，精神的視野を天象に広げ，地象との関連を意
　識化させることによって，重力場感覚や上下左右感覚などを促進させ，風景構成法で
　形作られる構成的空間のもつ治療的側面を強化することを意図して考案されたもので
　ある（伊集院，2013）。内海・伊集院は，「地表の出現は，生活空間の拡大や対人関
　係の広がりなど，社会へと復帰する時期に一致することがしばしば認められる。その
　際，従前に比べて患者の言語表現は，膨らみを増し，行為の足どりはしっかりとした
　ものとなる」（内海・伊集院，1994; 40-51）（傍点は引用者）と述べている。
註4）例えば，中井は「風景構成法」を創始した理由について，「破瓜型における『な
　ぐり描き法』のむずかしさは，妄想型の『なぐり描き法』への適応の良さと対照的で
　ある。しかしながら，妄想型においては『なぐり描き法』への適応は，治療的進展の
　必要条件ではあっても十分条件ではないという印象がつよい。この点を調べるために
　次のような技法（風景構成法）を導入した」（中井，1984a）（括弧内は引用者）と述
　べている。

われわれの世界をくまなく涵しているところの，言語を支持する透明な網構造の破壊であろう。この目に見えない網構造こそ，『対象の要求する以上の厳密性を必要とせずに』言表を可能にしているものなのである。そして，それは共世界への信頼と表裏一体のものであり，信頼が失われるとき，透明な言語支持構造もまた失われる」（中井，1984a; 4）。「急性分裂病の言語が，『継ぎ穂』のむなしい乱舞であるとすれば，負の世界の苦悩を長く経た後の慢性分裂病者の言語が，ほとんど対話的構造を失っていても不思議はない。真の独語がすべてそうであるように，それははてしない繰り返しに陥こんでいる」（中井，1984a; 6）（傍点は引用者）と説明している。

　さらに，興味深いことに，中井は「フロイトが“シュレーバー症例”において具体的に描き出し，フランスの構造主義的精神分析学者ジャック・ラカンが定式化したように，分裂病者の外界とは，実は，彼らが否認した内面が陰画として立ち現れる舞台である。内面の殺意が否認されるとき，外界からは殺すぞという声が聞こえてくる。共世界から追放され，外界を『記述』する余裕と距離を失った言語は，内面を『表現する』可能性をもほとんど拒絶される。内面はすでに徹底的に外化され，『表現』されてしまっている。分裂病者の世界には未知はない」（中井，1984a; 7-8）と，ラカンの知見を踏まえつつ統合失調症者と言語との関係について考察し，「精神病理学は，分裂病者の言語がいかに歪められているかを記述してきた。おそらく，それが真の問題なのではない。真の問題の立て方は，分裂病者の世界において言語がいかにして可能であるか，であろう。そして，いく重もの不可能性に抗して彼らから時としてことばが，深い意味さえ持ったことばが洩れ出てくるとすれば，それはほとんど，何らかの手違いによる奇蹟的な出来事とすら言ってよいのではなかろうか」（中井，1984a; 8）（傍点は引用者）と問うているのである。

　ここでラカンの概念を補足するならば，「言語を支持する透明な網構造」とはシニフィアンの連鎖が位置する場としての〈他者〉の領野のことであり，主体はそうした〈他者〉の領野にシニフィアンが現れるかぎりにおいて生まれる。しかし，そのことは同時に，自らを捉えようとしつつ，そこから排除されてしまうことを意味する。その結果，主体は，シニフィアンの連鎖の中で，「もうないものとしての自分」（失われた対象＝対象ａ）を追い求めては，それと出会い損ね続けるという宿命を背負うことになる（Lacan, 1964）。ここに神経症者の苦しみが発生することになるが，それはあくまでも「共世界への信頼」に基づいたものであり，また，「対象の要求する以上の厳密性を必

要とせずに」言表可能な状態に留まっていると言える。

　その一方で，精神病者（統合失調症者）においては，そうした信頼が失われ，透明な言語支持構造もまた失われる。並行して，その外界は「彼らが否認した内面が陰画として立ち現れる舞台」となる。すなわち，「父のような人」との出会いによって，事後的に父の名（＝言語と人間を関係づけることによって，話す主体の欲望を支えるシニフィアン）の排除という機制が起動され（Lacan, 1966; 577-578），その結果，排除されたものが現実界において再出現し，想像的な世界に混乱が生じることになる（Lacan, 1981; 21）。このため，「世界は意味を失い，逆に意味を押しつけてくる。より正確に言えば，世界はもはや意味されるものでなく，意味するものと化する。机に置かれたマッチの空箱は『お前がちっぽけで空っぽだ』ということを意味している（象徴しているのではない，直ちに意味しているのである）。世界は彼を追い詰める。彼には逃げ場がない」（中井，1984a; 6）。

　では，中井は，このような統合失調症の世界において言語はいかにして可能であると考えていたのであろうか。中井は，「むろん，人間が最終的に安住しうるのは言語の世界であろう。…（中略）…しかし，意味に支えられた世界が反転して意味を押しつけてくる世界となって人を追いつめる分裂病的世界にあっては，意味に迫られていない絵画という小世界は，一つの『ゆるめ』を与えるものではないだろうか」（中井，1984a; 12）（傍点は引用者）と指摘するとともに，統合失調症者の絵画が状況依存的であるからこそ，「分裂病者が彼らの内面の苦悩を絵をとおして開示できる治療的状況をさぐってゆくことが可能となる」（中井，1984a; 15）と述べているのである。

　このように，中井の描画を用いた臨床実践においては，人間と言語との関係が重視されている[註5]。言語を支持する透明な網構造の破壊という言語剥奪状況，意味に支えられていた世界が反転して意味を押しつけてくる世界となって人を追い詰める世界にあって，絵画が与えてくれる「ゆるめ」をもとに，患者と言語との関係を繋ぐ「継ぎ穂」をどのように創造していくことができるのか。風景構成法もまた，こうした問題意識のもとに生み出されたものであるとするならば，言語との関係に焦点化しつつ，その実践を展開していく必要があるだろう。この時，「継ぎ穂」の創造は，父の名の創造へと結びついていくことになるのである。

註5）別のところで，中井は次のようにも述べている。「アートセラピーを『ノンヴァーバル』（非言語的）というのは誤解を招く言い方で，画をはさんで語り合うことが大切である。むしろ画は言葉が伸びるのを支える支柱である」（中井，2013; 141）。

V. いかにして「継ぎ穂」を創造していくことができるのか

いかにして我々は統合失調症者の「継ぎ穂」の創造を促していくことができるのだろうか。中井は，風景構成法を介して「継ぎ穂」を創造していくためのヒントを随所に記している。

その一つが，風景構成法とその他の描画法との関係についての記述である。「分割彩色法は，一次的，個別化以前的，言語化不能な過程により近い前対象的過程であって，風景構成法は二次的，個性的，言語親近的な過程に近い対象的過程ということができる」（中井，1992; 244）。ここで中井は，統合失調症者が「状況意味」把握の失調状態から回復し，言語的存在として自らを位置づけ直す（主体の構造を構築する）際に可能となる「対象の把持」を導く方法として，分割彩色法あるいは空間分割法から風景構成法への移行の可能性を見て取っている[注6]。

また，「風景構成法が危険あるいは煩雑に思える場合には，『なぐり描き』（描線だけでもかなりわかる，投影できない場合はそれ自身が重要なデータ）および『分割彩色法』（彩色できない場合はそれ自体が重要なデータ）で十分代用できる」（中井, 1992; 245）として，風景構成法が「できない」ことに，対象把持が困難な状態（結果，投影ができない）を認めるとともに，マーガレット・ナウムブルグのなぐり描き法（＝スクリブル）を，対象把持の状況を把握する点において風景構成法と相同的なもの，あるいはより対象の把持が困難な場合に風景構成法に代わって適用できるものとして捉えている。なぐり描き法は基本的には，スクィグルと同様，喪失の痕跡としての1本の線の上に形を見出し（対象を把持し）ては根源的に失われた対象を発見することを繰り返し，その過程において主体の再構成を促す実践であるが，中井はそれを「継ぎ穂」の創造の端緒を切り拓く実践としても用いているのである（牧瀬, 2022; 947-955）。「たどたどしい一本の線と芸術性の高い完成画とを『哲学的に対等』と見なす用意が必要である」（中井，1984a; 32）という姿勢は，こうした点と密接に結びつくものであろう。さらに，中井は対象の把持が為された結果，「風景構成が可能な場合には，…（中略）…HTP，樹木画など，一般に『構成的』な描画診断法も参考にできる」と述べている[注7]。

注6）この点において，フロイトが「対象の把持こそが神経症を精神病から距てる特徴である」と指摘していることを思い出しておきたい（Freud, G.W. Nb）。

　二つ目は，風景構成法における「大景群」，「中景群」，「近景群」の順序と
その描き方についての記述である。中井は，「風景構成においては，まず素白
の空間があり，この混沌を最初に『川』が切り分け，『山』が空と陸とを分け
る」（中井，1992; 241-242）。「『田』は水をたたえるために水平であること
から，空間の奥行きが同時に決まる。この三つを『大景群』と呼ぶが，これ
でおおまかに空間構造が決定されたといえる。実際，風景構成の勘どころは
僅かな『要素』を描く行為のうちに混沌がみるみる整序されてゆくことであ
る」（中井，1992; 242）として，「大景群」の描出が，空間を分割し，混沌
を整序するという意味で[註8]，主体の対象把持状況を把握するものとしてある
だけでなく，それを促すものでもあると指摘している。
　さらに，「中景群」の説明を行った上で，中井は次のようにも述べている。

　　「動植物，石，岩」といえば，ある意味では，世界を構成する要素
　　を尽くしているともいいうる。H，T，Pという極めて人間中心的
　　であった「中景群」から自然世界への回帰である。しかし，今度は
　　「対象」としての復帰である。ふりかえれば「大景群」は「前対象
　　的」な存在，英語で matter, matrix, elements と呼ぶ意味での
　　「物質」であった。…（中略）…「前対象的」大景群は HTP を経
　　て「人間化された世界」に「対象」として回帰するのである（中井,
　　1992; 243）（傍点は引用者）。

　興味深いことに，ここにはメビウスの輪（図 10-1）を思わせるねじれを伴
う回帰がある。すなわち，意味を押しつけてくる世界から意味に支えられて
いる世界へと回帰すること（この時，大景群は前対象的でもあり，対象的で
もあることになる），それが対象の把持（動植物，石，岩を描くこと）ととも
に促される契機がここにあると中井は示唆しているのである。また，この点
に関して，バリントの「オクノフィリア」対「フィロバティズム」論を引き
つつ，「これはその延長において無理なく心象風景に適用できる」と言及し
ている点を踏まえるならば，中井はこうした展開を「風景になる」こととし
て捉えていたと言えるのではないだろうか。言語剥奪状況において自己認知

註7）風景構成法と他技法との関係については，次の文献も参照のこと（松井，1992:
　　229-236）。
註8）この点は，言語的主体として生成する上で不可欠な二値論理的分割を引き受ける
　　ことと関係があるように思われる。

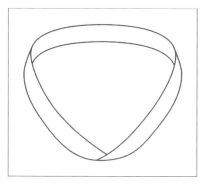

図 10-1 メビウスの輪

の重大な困難に直面している統合失調症者が，このようにして，自己の姿を表現し，風景になることは，新たな言葉の世界を生み出す契機となる可能性が考えられるのである。それはまた，発病期の核心点を一種の心的外傷として自伝的物語のなかへ回収することでもあるのだろう[註9]。いずれにしても，実施の際には，このねじれを伴う回帰の動きが，描画状況においてだけでなく，描画を取り巻く患者−治療者関係においても表れることを意識して臨む姿勢が求められる。

　そして，忘れてはならないのが，風景構成法をいかに終わらせるかについての，次のような中井の指摘である。「最後に，言語的なやり取りによって，風景構成法は完了する。…（中略）…表象の湧き上がり沸騰してやまない変転豊穣性に終止符を打って，場の呪縛から個人を解放する」（中井，1992;244）。描画療法において，いかに治療を切り上げるかは語りに句読点を打つことと同様に重要な問題としてあるが[註10]，風景構成法を介して「継ぎ穂」を創造していく前述の流れにおいても，大切なものとなる。この点について中井は多くを語っていないため，今後検討を進めていく必要があるだろう。

　3つ目は，終止符の打ち方とも関連する，導入のタイミングについての記述である。中井は，「画を描くことをきっかけとして治療のヤマ場というか分

註9）清水・加藤は，統合失調症において「発病期の核心点」の反復的想起が認められること，そして，回復期の想起によって生じる体験の距離化は，患者が自己の承認を求める特定の他者に対して，発病期の核心点について言辞を差し向け，発病期の核心点を一種の心的外傷として自伝的物語のなかへ回収することによって為されると述べている（清水・加藤，2002）。

水嶺となることのほうが実際には多いのです」（中井, 1998; 11）と述べると
ともに，症状の消退と反比例して描画表現が悪夢化する「第二次悪夢化」の
時期に相前後して認められる，身体的動揺（身体病）や悪夢の出現が見られ
るようになる「回復時臨界期」を「経たのちにはじめて描画が一対一の治療
状況に統合されることが多い」（中井, 1984a; 25）と指摘している。すなわ
ち，「回復時臨界期」において描画を用いることで，はじめて患者は治療者と
の関係をもとに自らを言語的主体として位置づけ直すことが可能となるので
あるが，ここで注目したいのは，その導入のタイミングを考える上で，中井
が夢を見ることとの関係を重視しているという点である。

　中井は，「回復は夢が先行するという印象があります」，「幻覚が一，二日夢
に入ると同時に昼間の幻覚が弱くなって消えてしまいます」と言及しつつ，
そうした夢の動きに合わせて，描画（風景構成法）を導入している[註11]。さ
らに，それによって，自他・内外の区別をもたらす「セルフ・システム」（中
井, 1998; 53）の構築を促しているように見えるのである。

　筆者は，新宮一成による，「夢における構造的反復は，事後性を，覚醒に向
かって先送りすることによって，夢の元になっている幻覚的欲望成就を，究
極的に現実ではない不可能なものとして治療的に再構成することを可能にす
る」とする指摘を踏まえ（新宮, 2011; 129-139），言語との関係性を問い
直そうとする主体の反復のリズムに合わせて，幻覚的欲望成就を包み込んだ
夢と描画を重ね合わせ，妄想的隠喩の展開を後押しすること，さらには，「不
可能なもの」＝現実界との関係を内包する主体の構造の構築（「内巻きの8」
のトポロジーあるいはメビウスの輪として捉え得るもの）を促すことの治療
的意義を見出したが（牧瀬, 2023a），この点は中井の試みと密接な繋がりを
持つのではないだろうか。「構造的反復」は，主体と言語の接続面で展開さ
れるもので，単なる繰り返しではなく，精神病の臨床ではそれ自体が治療的
な解釈として働くことさえある。内面が徹底的に外化され，表現されてしま

註10）筆者は，「描画連想法」の実践を通して，描画セッションの切り上げの問題が治
　　療的に重要な意味を持つことを明らかにした（牧瀬, 2015）。「描画連想法」（Drawing
　　Association Method）とは，①描画を「きく」ことを重要視する，②構造論的に描
　　画を捉える，③「紙の交換」という形で，解釈としての区切りを入れ，主体にとって
　　の対象 a を浮かび上がらせるという方法で，主体に論理的関係性を導入し，その再構
　　成を促すものである。
註11）この点に関して，中井は次のようにも述べている。「回復期の夢には，私がかつて，
　　『再建夢系列』と命名したような，1年かかって，荒野を整地して水田を作り，稲を植え，
　　それが稔り，最後は村の家々に水を引いているというストーリーの夢を見つづけるこ
　　ともある」（中井, 2006; 94-96）。

図 10-2　風景構成法　1枚目　　　　　図 10-3　風景構成法　2枚目

ったことにより，未知の世界がなくなってしまった統合失調症者の世界において，改めて「不可能なもの」との関係を内包する「セルフ・システム」＝「主体の構造」を構築していくためには，夢との繋がりを見極めながら風景構成法を導入していくことが必要になると考えられるのである。

　上記の3点については，それぞれが別のものとしてあるのではなく，連動することではじめて，主体の「継ぎ穂」の創造を促すものとなる。また，そうした連動があくまでも主体の側から自ずと生じるものであることを，治療者はしっかり認識しておく必要があるだろう。中井が述べているように，治療者が「こうしてやろう」とする意図を抱き，介入を行おうとすると，決してうまくはいかない（中井，1998; 24）。それを契機に，病状の悪化が引き起こされる可能性もある。治療者に求められるのは，患者の無意識の動きに寄り添う姿勢である。

　中井は，20代前半の男性患者が描いた2枚の風景構成法（1枚目（図 10-2）は回復期初期のもの，2枚目（図 10-3）は回復した後のもの）を示しながら，その回復過程において風景が整合的になることを指摘している（中井，1998）。「継ぎ穂」の創造はこのような形で，「風景になる」こと＝その人なりの仕方で言語の世界に住まう場（居場所）を見つけていくことを導くのである。

VI. おわりに

　以上，風景構成法とその後の展開，他の描画法との関係について概観するとともに，ラカン派精神分析の観点を取り入れながら，中井自身の著述に学び，その臨床的意義を考察した。そこから見えてきたのは，中井が風景構成

法を創始した目的へと立ち返り，改めて人間と言語との関係からその臨床的意義を問うことの重要性であった。

　発達障害への注目が高まる中，統合失調症，特に慢性期の統合失調症の治療にあまり目が向けられなくなっているように見受けられる。しかし，精神科病院には今もなお，治療を必要とするそうした患者が多く存在している。中井が残したさまざまなヒントをもとに，いかにして言語剥奪状況にある患者が再び言語との関係において自らを位置づけること，「風景になる」ことを促し得るのだろうか。

　　白川の関屋を月の漏る影は　　人の心を留むるなりけり
──山家集
　（秋風の吹く頃にここ白河の関に来たという能因は，関屋に漏れ入る美しい月光に迎えられて，すっかり心惹かれたことだろう（湯原，2010a; 38））

　西行は，風景を詠うことを通して生と死の意味を問う歩みを，出羽を旅することから始めた。それは，先達の歌人，能因の跡を辿るものであった。我々もまた，中井と共に先の問いを模索していくことが，今求められているのである。

あとがき

　「描画連想法」の始まりは，ある子どもとの何気ないお絵描き遊びであった。いつものように話をしていたところ，子どもが「絵を描きたい」と要望したため，鉛筆と1枚の紙を渡した。すると，子どもは嬉しそうに話をしながら絵を描き始めた。子どもはまるで夢の中を冒険するかのように話し，筆者もまた共に子どもの夢の中を旅した。言葉は溢れんばかりで，言葉がそのまま絵になるのではなく，絵は子どもの語りに節をつけるようなものとしてあった。旅を終えて2人で現実世界に戻ってきた時，その旅路は1枚の紙を越え，机全体にまで及んでいたことに気づいた。2人で机の上に描かれた絵を消しゴムで消す際，「消すのがもったいないね」と話しつつも，子どもが「また描けばいいよ」と言い，楽しそうにしている様子を見て，何かが変わったことを直感した。今思えば，子どもはこの時，筆者との描画を用いた夢旅行を通して，「自分はどこから生まれて来たのか」＝「〈他者〉に何を欲望されて生まれて来たのか」という問いをもとに自らの欲望を立ち上げていたのである。

　序論で確認したように，フロイトは「フォルト・ダー（いないいないばぁ）の遊び」に，人間の大切な文化的達成（言語的主体＝欲望する主体になること）と欲動の断念を巡る苦悩（言語的主体になることで失うものが生じること）の端緒を見出した。ウィニコットは「心理療法は，患者の遊ぶことの領域と，セラピストの遊ぶことの領域という，ふたつの遊ぶことの領域の重なり合いのなかで起こる。心理療法は，一緒に遊んでいるふたりの人々にかかわるものである。このことから必然的に，遊ぶことが不可能なところでセラピストが行う作業は，患者を遊べない状態から遊べる状態へともっていくことに向けられる」と指摘しており，またラカンは，著書やセミネールの中で「言葉遊び」を介して大切なことを伝えようとしている。これらの点から我々は，遊ぶことが，人間が言語との関係を構築・再構成し，その「生」を生き抜いていく上でいかに欠かせないものとしてあるかを学ぶことができる。上記の始まりのエピソードは，「描画連想法」がそうした本質と密接に関わるものであることを示していると言えるだろう。

　しかし，それだけではない。「描画連想法」の誕生は，もう一つの欠かせない契機を必要とした。それは，筆者にとっての大切な人の死である。興味深いことに，この点において，筆者の経験とフロイトのそれが重なってくることになる。筆者が「描画連想法」を構想している間に大切な人の死を経験したのと同様に，フロイトもまた，「フォルト・ダーの遊び」について初めて言及した1920年に愛娘のゾフィーを失っているのである（ゾフィーは，「フォルト・ダーの遊び」を実際に行っていたエルンストの母に当たる）。このことについて，フロイトは「快原理の彼岸」の中で，「子どもが5歳9カ月のとき，母が死んだ。いまや，母は本当に『いなく』（オーオーオーオ）なったのだが，その子が母を悼む喪の悲しみを示すことはなかった」と記載している。

　では，なぜフロイトは「いまや，母は本当に『いなく』（オーオーオーオ）なったのだが，その子が母を悼む喪の悲しみを示すことはなかった」と記したのであろうか。エルンストは，母が亡くなることをどこかで予期しつつ，「フォルト・ダーの遊び」を行っていたのであろうか。もちろん，そのようなことはあり得ないとしても，人間は言語的存在として誕生する際に，同時に死の問題を引き受ける姿勢そのものをも確立するのかもしれない。そのように考えてみると，人間にとっての遊びとは，「我々はどこから来たのか，我々は何者か，我々はどこへ行くのか」と問い，その問いに答えることの不可能性と向き合っていく可能性を生み出すことであると言えるのだろう。

　「描画連想法」の始まりにおいて，「誕生」と「死」の問題が筆者を取り巻く形で色濃く存在していたことは決して偶然ではないのであり，「描画連想法」はこれからも絶えず，人々の「誕生」と「死」の問題と結びついては，「不可能性」のもとに問いを構築する場を生み出すものとして機能していくことになると考えられる。この意味において，筆者は，「描画連想法」が「誕生」や「死」に纏わる問題で苦悩している人々にとって何らかの形で役立つものとなることを切に願ってやまない。

　本書で提示した臨床素材，そして数々のアイデアは，Clの方々との関わりから生まれてきたものである。そのような貴重なものを我々にもたらしてくれたClの方々にまず深く御礼申し上げたい。

　「描画連想法」の誕生時より，終始変わらぬあたたかいご指導を賜るとともに，精神分析，そして臨床描画研究への道を示して下さった京都大学名誉教授の新宮一成先生に心より感謝申し上げたい。

　大阪樟蔭女子大学名誉教授の高橋依子先生には，日本描画テスト・描画療

法学会における活動を通して描画を用いた臨床の魅力と奥深さについてご教示いただくとともに，本書を出版するきっかけを与えていただいた。厚く御礼申し上げたい。

　そして，精神分析，精神医学，心理学の先輩同僚諸氏，特に，日本描画テスト・描画療法学会，日本ラカン協会の先生方との有意義な討論の機会に恵まれたことは，描画連想法を深めていく上でかけがえのないものであった。あらためて深く感謝申し上げたい。

　最後に，「描画連想法」に興味を持って下さり，本書の出版を快くお認めいただいた遠見書房の山内俊介社長，また，編集・校正作業を通して，本書をより良い形にお纏め下さった塩澤明子氏に，深く感謝の意を表したい。

　2024 年 8 月

牧瀬英幹

引用文献

粟津則雄（2014）美との対話―私の空想美術館. 生活の友社.

Brasch, K.（1962）禅画. 二玄社.

―――（1997）禅画に見る円相の画. In：倉澤行洋編：禅と日本文化　第2巻　禅と芸術 II. ぺりかん社.

Chemama, R., Vandermersch, B.（1993）*Dictionnaire de la psychanalyse.* Larousse. （小出浩之・加藤敏・新宮一成・鈴木國文・小川豊昭代表訳（2002）新版　精神分析事典. 弘文堂.)

Czermak, M.（2012）*Patronymies: Considérations cliniques sur les psychoses.* Érès. (小林芳樹訳（2014）ラカン　患者との対話―症例ジェラール，エディプスを超えて. 人文書院.)

江上綏（2006a）やまと絵と葦手絵. 日本の美術，478; 86-98.

―――（2006b）平家納経. 日本の美術，478; 55-68.

Ferrier, J. L.（1977）*De Picasso à Guernica: Généalogie d'un tableau.* Denoel. (根本美作子訳（1990）ピカソからゲルニカへ―ある絵画の生成の系譜. 筑摩書房.)

Freud, S.（1896）Weitere Bemerkungen über die Abwehr-Neuropsychosen, *G. W. I.* （野間俊一訳（2010）防衛－神経精神症再論. フロイト全集3. 岩波書店.)

―――（1900）Die Traumdeutung, *G. W. II/III.* （新宮一成訳（2011）フロイト全集 4-5. 岩波書店.)

―――（1905）Drei Abhandlungen zur Sexualtheorie, *G. W. V* (渡邊俊之訳（2009）性理論のための三篇. フロイト全集6. 岩波書店.)

―――（1908）Über infantile Sexualtheorien, *G.W.VII.* （道籏泰三訳（2007）幼児の性理論について. フロイト全集9. 岩波書店.)

―――（1909）Analyse der Phobie eines fünfjährigen Knaben, *G. W. VII.* （総田純次訳（2008）ある五歳男児の恐怖症の分析〔ハンス〕. フロイト全集10. 岩波書店.)

―――（1914）Der Moses des Michelangelo. *G. W. X.* （渡辺哲夫訳（2010）ミケランジェロのモーセ像. フロイト全集13. 岩波書店.)

―――（1915）Das Unbewußte, *G.W. X.* （新宮一成訳（2010）無意識. フロイト全集14. 岩波書店.)

―――　（1915）Mitteilung eines der psychoanalytischen Theorie widersprechenden Falles von Paranoia, *G. W. X.* （伊藤正博訳（2010）精神分析理論にそぐわないパラノイアの一例の報告. フロイト全集14. 岩波書店.)

―――（1915）Trauer und Melancholie, *G. W. X.* （伊藤正博訳（2010）喪とメランコリー. フロイト全集14. 岩波書店.)

―――（1915）Übersicht der Übertragungsneurosen. *G. W. Nb.* （本間直樹訳（2010）転移神経症展望. フロイト全集14. 岩波書店.)

―――（1920）Jenseits des Lustprinzips. *G. W. XIII.* （須藤訓任訳（2006）快原理の彼岸. フロイト全集17. 岩波書店.)

―――（1921）Massenpsychologie und Ich-Analyse, *G.W. X III.* （藤野寛訳（2006）集団心理学と自我分析. フロイト全集17. 岩波書店.)

―――（1939）Der Mann Moses und die monotheistische Religion, *G. W. XVI.* （渡辺哲夫訳（2007）モーセという男と一神教. フロイト全集22. 岩波書店.)

藤縄昭（1974）精神分裂性精神病者と自画像. In：宮本忠雄編：分裂病の精神病理2.

東京大学出版会，pp. 219-242.

古川裕之（2015）心理療法としての風景構成法—その基礎に還る．創元社．

古田紹欽（2015）白隠—禅とその芸術．吉川弘文館．

Gauguin, P. & Guérin, D. (1974) *Oviri, ecrits d'un sauvage.* Gallimard.（岡谷公訳（1980）ゴーギャン　オヴィリ—野蛮人の記録．みすず書房．）

花村誠一（2001）思春期妄想症におけるドラマ的身体—オートポイエーシスの技法．日本芸術療法学会誌，32(2); 80-86.

平林直次・飯森眞喜雄ほか（1996）醜貌妄想症の自画像による治療過程．日本芸術療法学会誌，27(1); 34-43.

伊集院静一（2013）風景構成法—「枠組」のなかの心象．金剛出版．

石川元（1982）醜貌恐怖—概念の変遷と成因論．臨床精神医学，11; 813-818.

───（2003）家族と描く．In：新宮一成・角谷慶子編：共生の論理を求めて②　精神の病理とわたしたちの人生．ミネルヴァ書房．

石川九楊（1993）書と文字は面白い．新潮社．

───（2016）石川九楊著作集 II　日本の文字　文字論．ミネルヴァ書房．

角野善宏（2004）描画療法から観たこころの世界—統合失調症の事例を中心に．日本評論社．

皆藤章（1994）風景構成法—その基礎と実践．誠信書房．

───・川嵜克哲編（2002）風景構成法の事例と展開—心理臨床の体験知．誠信書房．

───（2004）風景構成法のときと語り．誠信書房．

───（2009）風景構成法の臨床．ぎょうせい．

川嵜克哲（2018）風景構成法の文法と解釈—描画の読み方を学ぶ．福村出版．

岸本寛史・山愛美編（2013）臨床風景構成法—臨床と研究のための見方・入り方．誠信書房．

Klein, M. (1926) The Psychological Principles of Early Analysis. In: *The Writings of Melanie Klein*, Volume I. The Free Press.（西園昌久訳（1983）早期分析の心理学的原則．子どもの心的発達 メラニー・クライン著作集 1．誠信書房．）

───（1930）The importance of symbol-formation in the development of the ego. In: *The Writings of Melanie Klein*, volume I. The Free Press.（村田豊久訳（1983）自我の発達における象徴形成の重要性．誠信書房．）

───（1961）Narrative of A Child Analysis. In: *The Writings of Melanie Klein*, volume IV. The Free Press.（山上千鶴子訳（1997, 1998）児童分析の記録 1，2．誠信書房．）

Koch, K. (1952) *Der Baumtest: Der Baumzeichenversuch als psychodiagnostisches Hilfsmittel.*（岸本寛史・中島ナオミ・宮崎忠男訳（2010）バウムテスト—心理的見立ての補助手段としてのバウム画研究．誠信書房．）

小松茂美（1968）かな．岩波書店．

───（1996）平家納経の研究　六　小松茂美著作集 14．旺文社．

桑子敏雄（1999）西行の風景．日本放送出版協会．

Lacan, J. (1964) *Le séminaire, livre XI, Les quatre concepts fondamentaux de la psychanalyse.* Seuil.（小出浩之・新宮一成・鈴木國文・小川豊昭訳（2020）精神分析の四基本概念（上）（下）（文庫版）．岩波書店．）

───（1965）*Le séminaire livres XII, Problèms cruciaux pour la psychanalyse*, inédit.

───（1966）"Fonction et champ de la parole et du langage en psychanalyse: Rapport du congrès de Rome tenu à l'istituto di psicologia della universitá di Roma les 26 et 27 septembre 1953", *Écrits* Seuil.（新宮一成訳（2015）精神分析に

おける話と言語活動の機能と領野―ローマ大学心理学研究所において行われたローマ会議での報告. 弘文堂.）

―――（1966）D'une question préliminaire à tout traitement possible de la psychose, *Écrits*. Seuil.

―――（1966）Le temps logique et l'assertion de certitude anticipée. Un nouveau sophisme, *Écrits*. Seuil.

―――（1975）*Le séminaire livres I, Les écrits techniques de Freud*. Seuil.（小出浩之・小川豊昭・小川周二・笠原嘉訳（1991）フロイトの技法論（上）（下）. 岩波書店.）

―――（1975）*Le séminaire,* livre XX, *Encore*. Seuil.（藤田博史・片山文保訳（2019）アンコール. 講談社.）

―――（1981）*Le séminaire livre III,* Les Psychoses. Seuil.（小出浩之・鈴木國文・川津芳照・笠原嘉訳（1987）精神病（上）（下）. 岩波書店.）

―――（1991）*Le séminaire livre VIII, Le transfert*. Seuil.（小出浩之・鈴木國文・菅原誠一訳（2015）転移（上）（下）. 岩波書店.）

―――（1994）*Le séminaire livre IV, La relation d'objet*. Seuil.（小出浩之・鈴木國文・菅原誠一訳（2006）対象関係（上）（下）. 岩波書店.）

―――（1998）*Le séminaire livre V, Les formations de l'inconscient*. Seuil.（佐々木孝次・川崎惣一・原和之訳（2005）無意識の形成物（上）（下）. 岩波書店. ）

―――（2001）Lituraterre, *Autres écrits*. Seuil.（若森栄樹訳（1986）リチュラテール―精神. 分析・文学・日本. ユリイカ, 12; 90-101.）

―――（2001）L'etourdit, *Autres écrits*. Seuil.

―――（2004）*Le séminaire,* livres X, *L'angoisse*. Seuil.（小出浩之・鈴木國文・菅原誠一・古橋忠晃訳（2017）不安（上）（下）. 岩波書店.）

Lévi-Strauss, C.（1955）*Tristes Tropiques*. Plon.（川田順造訳（1977）悲しき熱帯（上）（下）. 中央公論社.）

Makise, H.（2013）Clinical Practice With a Child's Drawings From Kleinian and Lacanian Perspectives. *British Journal of Psychotherapy*, 29(3); 358-372.

牧瀬英幹（2008）描画セッションにおける「きく」ことの意義と解釈―「描画連想法」の試み. 臨床描画研究, 23; 178-195.

―――（2012）精神分析における「彼岸」と「伝承」の概念とその臨床的意義. 日本における言語実践の世代的伝達に関する精神分析的研究―文字と語らいの諸相. 平成21-23年度科学研究費補助金　基盤研究（C）研究成果報告書（研究代表者：新宮一成）.

―――（2015）精神分析と描画―「誕生」と「死」をめぐる無意識の構造をとらえる. 誠信書房.

―――（2018a）「不可能なもの」と描画―ラカン派精神分析と禅の接点を巡って. In：臨床描画研究, 33; 100-116.

―――（2018b）ラカン派の描画療法―「描画連想法」の理論と実際. In：高橋依子・牧瀬英幹編：描画療法入門. 誠信書房.

―――（2020）白隠と精神分析―白隠の禅画から学ぶ. 日本病跡学雑誌, 99; 29-46.

―――（2022）スクィグル・スクリブル・描画連想法. 精神科治療学, 37(9); 949-955.

―（2023a）描画・リズム・トポロジー―精神病に対するラカン派精神分析的アプローチ. 臨床描画研究, 38; 84-103.

牧瀬英幹（2023b）主体の構造の生成とタイミング―「餓鬼阿弥蘇生譚」を巡る宗教的な知から学ぶ. 臨床精神病理, 44(2); 169-175.

松原茂（2012）葦手絵と歌絵．In：湯原公浩編：やまと絵—日本絵画の原点．平凡社．

松田健児（2009）スペインにおけるピカソ批評—歪められた画家のイメージ．慶応義塾大学日吉紀要，41；45-65.

松井律子（1992）風景構成法の読み方．精神科治療学，7(3)；229-236.

松本卓也（2011）要素現象．In：加藤敏ほか編：現代精神医学事典．弘文堂．

宮下誠（2008）ゲルニカ—ピカソが描いた不安と予感．光文社．

本江邦夫（2009）我々は何者か？—ゴーギャンが遺した大作を読み解く．月間美術，407；20-27.

村上靖彦・舟橋龍秀・鈴木國文（1993）思春期妄想症研究を振り返って．精神医学，35(10)；1028-1037.

村重寧（2012）やまと絵のはじまり．In：湯原公浩編：やまと絵—日本絵画の原点．平凡社．

鍋田恭孝（1997）対人恐怖・醜形恐怖．金剛出版．

内藤あかね（2001）精神分裂病とスクリブル・スクウィグル．臨床精神医学，30（増刊号）；127-130.

中部義隆（2015）光琳デザインの完成形　紅白梅図屏風．In：河野元昭監修：別冊太陽232　尾形光琳　「琳派」の立役者．平凡社．

中井久夫(1984a)中井久夫著作集　1巻　精神医学の経験　分裂病．岩崎学術出版社．

─── (1984b) 風景構成法と私．In：山中康裕編：中井久夫著作集別巻：H・NAKAI　風景構成法，岩崎学術出版社．

─── (1985) 中井久夫著作集　2巻　精神医学の経験　治療．岩崎学術出版社．

─── (1992) 風景構成法．精神科治療学，7(3)；237-248.

─── (1998) 最終講義—分裂病私見．みすず書房．

───・磯崎新（1988）悲劇に抗する建築に向けて．批評空間，2(19)；146-159.

─── (2006) 妄想と夢など．こころの科学，126；94-96.

─── (2013) 統合失調症の有為転変．みすず書房．

─── (2014)〔新版〕精神科治療の覚書．日本評論社．

Naumburg, M. (1966) *Dynamically Oriented Art Therapy : Its principles and practice.* Grune & Stratton. （中井久夫監訳，内藤あかね訳（1995）力動指向的芸術療法．金剛出版．）

岡本太郎（1980）パリ　ゲルニカ　1937．芸術新潮，366；43-46.

Pascal, B. (1670) *Pensées.* Port Royal. （由木康訳（1990）パンセ．白水社．）

Ruff, J. (1988) *L'interruption de la séance comme poinçon de vérité.* （新宮一成訳（1988）ラカンの「短時間セッション」と禅．季刊精神療法，14(3)；273-279.）

佐渡忠洋（2013）風景構成法研究の概観．In：岸本寛史・山愛美編：臨床風景構成法—臨床と研究のための見方・入り方．誠信書房．

斎藤環（2007）ひきこもりはなぜ「治る」のか？　中央法規出版．

榊原邦彦・藤掛和美・塚原清編（1984）今鏡　本文および総索引．笠間書房．

佐野みどり（2000）文字と絵と．日本の美学，30；88-89.

佐々木玲仁（2012）風景構成法のしくみ—心理臨床の実践知をことばにする．創元社．

Saussure, F. (2005) *Cours de linguistique générale.* Payot & Rivages. （小林英夫訳（1940）一般言語学講義．岩波書店．）

沢木耕太郎（2015）キャパの十字架．文藝春秋．

清水光恵・加藤敏（2002）「発病期の核心点」の反復的想起について—統合失調症の発病に関する自伝的記憶の精神病理学的考察．精神神経学雑誌，104(9)；758-780.

新宮一成（1988）夢と構造—フロイトからラカンへの隠された道．弘文堂．

―――（1989）無意識の病理学―クラインとラカン．金剛出版．

―――（1995）ラカンの精神分析．講談社．

―――編（1996）意味の彼方へ―ラカンの治療学．金剛出版．

―――（1997a）日本の文字と無意識．精神分析，5; 67-72.

―――（1997b）乳房の倫理学．In：無意識の組曲．岩波書店．

―――（2000）夢分析．岩波書店．

―――（2001）精神分裂病におけるネオロジスム―ものの代わりとしての言葉．精神医学レビュー，40; 48-55.

―――（2007）夢分析における図像の読み解き．臨床描画研究，22; 46-55.

―――（2010）移行領域としての生と死，その描画表出．臨床描画研究，25; 32-44.

―――（2011）精神療法についての構造論的な考察．臨床精神病理，32; 129-139.

―――（2016）造形と精神分析―意味のかたち．臨床描画研究，31; 54-70.

白川佳代子（2001）子どものスクイグル―ウィニコットと遊び．誠信書房．

Slater, S. (1996) *The Illustrated Book of Heraldry: An International History of Heraldry and Its Contemporary Uses*. Lorenz Books.（朝治哲三監訳（2019）紋章学事典．創元社．）

鈴木大拙（1997）日本禅における三つの思想類型―道元禅，白隠禅，盤珪禅．叢書　禅と日本文化　第8巻　禅と思想．ぺりかん社．

―――（2011）禅の第一義．平凡社．

鈴木國文（2012）解離の典型例と歴史的症例―外傷と暗示をめぐって．精神科治療学，27(7); 935-939.

高江洲義英・大森健一（1984）風景と分裂病心性：風景構成法の空間論的検討．In：山中康裕編：中井久夫著作集別巻H・NAKAI 風景構成法．岩崎学術出版社．

玉蟲敏子（2016）日本の美術のことばと絵．KADOKAWA.

高石恭子（1996）風景構成法における構成型の検討：自我発達との関連から．In：山中康裕編著：風景構成法その後の発展．岩崎学術出版社，pp. 239-264.

手塚千恵子・吉野祥一（1993）女性醜貌恐怖症の精神療法．精神分析研究, 37(2); 172-179.

辻惟雄（1997）近世禅僧の絵画　白隠・仙厓を中心に．禅と芸術 II．ぺりかん社．

内海健・伊集院清一（1994）拡大風景構成法の早期適用の試み―空の描画に現れた緊張病者の回復過程．日本芸術療法学会誌，25(1); 40-51.

Weizsäcker, V. von (1940) *Der Gestaltkreis: Theorie der Einheit von Wahrnehmen und Bewegen*. Thieme.（木村敏・濱中淑彦訳（1975）ゲシュタルトクライス―知覚と運動の人間学．みすず書房．）

Winnicott D. W. (1965) *The Maturational Processes and Facilitating Environment*. Hogarth Press.（大矢泰士訳（2022）完訳 成熟過程と促進的環境 情緒発達理論の研究．岩崎学術出版社．）

―――（1971a）*Playing and Reality*. Tavistock Publications.（橋本雅雄・大矢泰士訳（2015）改訳　遊ぶことと現実．岩崎学術出版社．）

―――（1971b）*Therapeutic Consultations in Child Psychiatry*. Basic Books.（橋本雅雄・大矢泰士監訳（2011）子どもの治療相談面接．岩崎学術出版社．）

―――（1989）The squiggle game. In: (eds.) Winnicott C., Shepherd, R. and Davis, M.: *Psychoanalytic Explorations*. Harvard University Press.（牛島定信監訳・倉ひろ子訳（1998）スクイグル・ゲーム．精神分析的探求3．ウィニコット著作集　第8巻．岩崎学術出版社．）

山口諭助（1996）無の芸術―禅の立場から．禅と芸術 I．ぺりかん社．

山中康裕（1984）「風景構成法」事始め．In：山中康裕編：中井久夫著作集別巻 H・
　NAKAI 風景構成法．岩崎学術出版社，pp. 1-36.
芳澤勝弘（2008）白隠禅師の不思議な世界．ウェッジ．
―――（2012）白隠禅画をよむ―面白うてやがて身にしむその深さ．ウェッジ．
―――（2016）白隠　禅画の世界．KADOKAWA.
四辻秀紀（1980）葦手試論．國華，1038; 7-18.
湯原公浩編（2010a）別冊太陽　西行　捨てて生きる．平凡社．
―――編（2010b）別冊太陽　白隠　衆生本来仏なり．平凡社．

索　　引

初出一覧

◆第1章　「描画連想法」とは何か─紙を交換する.
ラカン派の描画療法─「描画連想法」の理論と実際. In：高橋依子・牧瀬英幹編：描画
　療法入門. 誠信書房, 2018 年, 79-97 頁.

◆第2章　描画空間のトポロジー─転移の問題を巡って.
我々はどこから来たのか, 我々は何者か, 我々はどこへ行くのか─「描画連想法」とイ
　メージ. 臨床描画研究, 33; 19-35, 2018 年.

◆第3章　「不可能なもの」との関係を浮かび上がらせる.
「不可能なもの」と描画─ラカン派精神分析と禅の接点を巡って. 臨床描画研究, 33;
　100-116, 2018 年.

◆第4章　「文字的なもの」の出現に注目する.
描画と文字─ラカン派精神分析の観点から. 臨床描画研究, 35; 26-47, 2020 年.

◆第5章　夢との繋がりを探る.
描画・夢・症状. 臨床描画研究, 25; 146-160, 2010 年.

◆第6章　精神病に対するアプローチ─紙を導入する.
描画・リズム・トポロジー─精神病に対するラカン派精神分析的アプローチ. 臨床描画
　研究, 38; 84-103, 2023 年.

◆第7章　主体と社会をつなぐ描画.
主体と社会をつなぐ描画─ラカン派精神分析の観点から. 臨床描画研究, 38; 34-52,
　2023 年.

◆付論1　スクィグル・スクリブル・描画連想法.
スクィグル・スクリブル・描画連想法. 精神科治療学, 37(9); 949-955, 2022 年.

◆付論2　風景構成法─「風景になる」ということ.
風景構成法─「風景になる」ということ. 現代思想, 50(15); 167-180, 2022 年.

著者略歴

牧瀬英幹（まきせ・ひでもと）
中部大学生命健康科学部　准教授
2010 年，京都大学大学院人間・環境学研究科博士後期課程修了。博士（人間・環境学）。
その後，渡英し，ロンドンのラカン派精神分析組織 Centre for Freudian Analysis and
Research にて，精神分析の研修を受ける。2016 年 4 月より現職。専門は，精神分析，
精神病理学，描画療法。
主な著書：『精神分析と描画─「誕生」と「死」をめぐる無意識の構造をとらえる』（単
著，誠信書房，2015），『発達障害の時代とラカン派精神分析─〈開かれ〉としての自
閉をめぐって』（編著，晃洋書房，2017），『描画療法入門』（編著，誠信書房，2018），『リ
ハビリテーションのための臨床心理学』（単著，南江堂，2021）
訳書：『HANDS ─手の精神史』（共訳，左右社，2020）

描画連想法
びょうがれんそうほう
ラカン派精神分析に基づく描画療法の理論と実践

2024 年 9 月 25 日　第 1 刷

著　　　者　牧瀬英幹
　　　　　　まきせひでもと
発 行 人　山内俊介
発 行 所　遠見書房

遠見書房

〒 181-0001 東京都三鷹市井の頭 2-28-16
株式会社　遠見書房
TEL 0422-26-6711 FAX 050-3488-3894
tomi@tomishobo.com　http://tomishobo.com
遠見書房の書店　https://tomishobo.stores.jp

印刷・製本　太平印刷社

ISBN978-4-86616-206-5　C3011
©Makise Hidemoto 2024
Printed in Japan